高职高专旅游类专业精品教材

饭店前厅服务与管理

闫秦勤 主编

金丽娟 余宜娴 包效磊 朱露 副主编

清华大学出版社

北京

内 容 简 介

本书运用学习领域课程开发方法，以饭店前厅从业人员职业成长规律为线索，将课程内容重组为入职学习、对客服务和基层管理三大模块。在每一模块中嵌入真实的学习情境，立足前厅服务的实际工作任务，引入高端酒店真实的案例和岗位技能要求，参考国家职业技能鉴定标准，以求知识与技能相辅相成，实现"做中学""学中做"。

本书可作为高职高专酒店管理专业教学用书，也可作为酒店行业培训教材或酒店从业人员的自学用书。

图书在版编目（CIP）数据

饭店前厅服务与管理/闫秦勤主编.--北京：清华大学出版社，2016（2023.8重印）
高职高专旅游类专业精品教材
ISBN 978-7-302-44290-5

Ⅰ.①饭… Ⅱ.①闫… Ⅲ.①饭店－商业服务－高等职业教育－教材 ②饭店－商业管理－高等职业教育－教材 Ⅳ.①F719.2

中国版本图书馆 CIP 数据核字(2016)第 164302 号

责任编辑：王宏琴
封面设计：常雪影
责任校对：刘　静
责任印制：刘海龙

出版发行：清华大学出版社
　　　　网　　　址：http://www.tup.com.cn，http://www.wqbook.com
　　　　地　　　址：北京清华大学学研大厦 A 座　　　邮　　编：100084
　　　　社 总 机：010-83470000　　　　　　　　　邮　　购：010-62786544
　　　　投稿与读者服务：010-62776969，c-service@tup.tsinghua.edu.cn
　　　　质量反馈：010-62772015，zhiliang@tup.tsinghua.edu.cn
　　　　课件下载：http://www.tup.com.cn，010-62770175-4278
印 装 者：三河市春园印刷有限公司
经　　销：全国新华书店
开　　本：185mm×260mm　　　印　张：12.5　　　字　数：235 千字
版　　次：2016 年 8 月第 1 版　　　印　次：2023 年 8 月第 6 次印刷
定　　价：48.00 元

产品编号：070175-03

　　"饭店前厅服务与管理"是酒店管理专业的一门核心专业课程,是培养学生特定职业技能的重要课程之一。为了培养学生良好的专业意识和较强的职业技能,适应未来工作岗位群的需要,体现高职教育"以就业为导向"的指导方针,本教材在编写过程中,以职业性、实用性、先进性、规范性为原则,吸收了国内外有关前厅服务与管理的新知识、新技能,结合编者常年积累的教学经验和深入企业顶岗实践的收获,在理论知识够用的基础上,突出实践性,强调对学生分析问题、解决问题等能力的培养。

　　本教材具有以下特点:

　　第一,教材内容新颖,编排全面系统。以饭店前厅从业人员职业成长规律和学生的认知规律为线索重组教材内容,改变了传统教材以知识为架构的教材编写方式,采用学习领域课程开发理念将课程内容分成三个模块、十个学习情境,内容涉及前厅服务与管理工作的各个工作领域,更便于教师教授和学生阅读。

　　第二,教材内容表现形式多样,丰富有趣。本书在编写过程中,尽可能突破传统教材的理论性过强、学科性明显的特点,大量使用图、表、页面展现等形式,配合生动的现实案例和详尽的分析,穿插典型案例、案例讨论、知识链接、延伸阅读、特别提示、服务必杀技等,以求理论联系实际,增强启发性、可读性。同时,本教材配套制作了内容丰富、画面精美的教学课件,与教材内容同步,可供教师备课使用。

　　第三,将练习穿插于理论知识中,将知识与技能有机融合。根据前厅各部门岗位的要求设计了多样化且实践性较强的实训练习,将其穿插于相对应的理论知识中,以求知识与技能相辅相成,同步提升,培养学生良好的职业意识和专业技能。

　　本书由闫秦勤(湖北广播电视大学)担任主编,金丽娟(鄂州职业大学)、余宜娴(成都纺织高等专科学校)、包效磊(武汉香海船务有限公司)、朱露(三峡旅游职业技术学院)担任副主编,李海峰教授(重庆公共运输职业学院)担任主审。本书在编写过程中,参考了国内外大量的文献著作和网站资料,得到了许多饭店业内人士的指导,还得到了清华大学出版社以及相关院校的大力支持,在此一并表示衷心的感谢。

由于编者学识水平有限,加之时间仓促,书中难免有疏漏之处,敬请各位同行和读者批评指正。

编　者
2016 年 6 月于武汉

入职学习

模块简释

　　通过对饭店前厅部的基础知识和前厅服务员应具备的素养两个知识点的学习,使学生能够在进入前厅部工作之前对该部门及主要岗位、职业素质有一个清楚的认知。

学习目标

知识目标

(1) 正确认识酒店前厅部的概念、地位及功能;

(2) 掌握前厅部的任务及对客服务的过程;

(3) 了解前厅部的组织机构设置与主要管理岗位职责;

(4) 了解前厅布局和环境的要求。

技能目标

(1) 能够使用前厅经营需要的主要设施设备;

(2) 能够运用理论知识提升酒店职业素养;

(3) 掌握前厅服务员应具有的职业能力。

素质目标

(1) 能够进行简单的前厅环境设计;

(2) 依据前厅部人员素质的基本要求,培养个人职业素养。

学习情境 1　前厅部基础知识

　　前厅部通常位于饭店最前部的大堂,也称大堂部、前台部,是饭店组织客源、销售客房产品、沟通和协调各部门对客服务,并为宾客提供前厅系列服务的综合性部门。

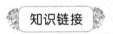

前厅、前厅部、大堂部、客务部之间的联系和区别

　　前厅也叫大堂,包括饭店的大门、休息厅和总服务台。图 1-1 所示为厦门悦华酒店大堂。前厅是饭店建筑的重要部分,每一位客人抵达饭店,都必须经过这里。它是客人对饭店产生第一印象的重要空间。因此,在饭店行业里的人士,常常把前厅比喻为饭店的"脸面"和"形象",把饭店服务员称为饭店的"形象大使"。

图 1-1　厦门悦华酒店大堂

　　前厅部设在饭店的前厅区域,是饭店的一个综合性部门,集中为客人提供各种前厅服务。

　　前厅部也称作大堂部,只是大堂部突出了其在饭店中的位置以及与大堂有关区域的关系。

　　有些中小型酒店将前厅部和客房部划在一起,称为客务部。这主要是因为前厅部与客房部的联系最为紧密,该部门承担以饭店客房的实际销售为中心的一系列工作,如为客人办理入住、离店、结账等经营中较为实际的工作。

任务 1-1　正确认识前厅部的地位和任务

一、前厅部在饭店中的地位

1. 前厅部是酒店业务活动的中心

好的酒店都把自己当成宾客的"家外之家"运作,竭尽所能地为宾客提供方便、快捷、舒适、温馨的服务,因而酒店为满足宾客的需要设立了多个服务部门和管理机构。这些岗位和部门的正常运转,都是以前厅部的运转为中心的。

客房是酒店最主要的产品。前厅部通过客房的销售带动酒店其他各部门的经营活动。为此,前厅部积极开展客房预订业务,为抵店的客人办理登记入住手续及安排住房,积极宣传和推销酒店的各种产品。同时,前厅部还要及时地将客源、客情、客人需求及投诉等各种信息通报有关部门,共同协调全酒店的对客服务工作,以确保服务工作的效率和质量。

总之,前厅部自始至终是为客人服务的中心,是客人与酒店联络的纽带。前厅部人员为客人服务从客人抵店前的预订、入住,直至客人结账,建立客史档案,贯穿于客人与酒店交易往来的全过程,是酒店业务活动的中心。

2. 前厅部是饭店形象的代表

前厅部是饭店对外的营业窗口,有经验的客人通过饭店前厅的服务与管理就能判断这家饭店的服务质量、管理水平和档次的高低。前厅服务的好坏不仅取决于大堂的各项硬件设施,更取决于前厅部员工的精神面貌、礼貌礼节、服务态度、服务技巧、工作效率等方面,其管理和服务水平直接影响饭店声誉。

3. 前厅部是创造经济收入的重要部门

前厅部的一个重要工作是销售客房。在大多数饭店中,客房是其主要产品,通常客房收入能达到饭店总收入的 50%～60%,前厅的首要任务就是销售客房。客人入住除了会带来住宿的消费外,还会因此带来其他的消费,如餐饮、酒吧茶艺、康乐休闲等,这些都会为饭店带来巨大的经济收益。因此,前厅部的有效运转,可以使客人最大限度地在饭店内消费,增加饭店经济效益。

4. 前厅部是酒店管理机构的参谋和助手

作为酒店业务活动的中心,前厅部能收集到有关整个酒店经营管理的各种信息,并对这些信息进行认真的整理和分析,每日或定期向酒店管理机构提供真实反映酒店经营管理情况的数据和报表。前厅部还定期向酒店管理机构提供咨询意见,作为制订和调整酒店计划和经营策略的参考依据。

5. 前厅部是饭店的信息集散地

前厅部犹如饭店的"神经中枢",在很大程度上控制和协调着整个饭店的经营。

前厅部不但要向客人提供及时、准确的各类信息,同时还要把有关客人的各种信息准确地传达至客房、餐饮、娱乐、财务等相关部门,协调各部门的工作,使各部门能够有计划地完成各自的服务接待任务。

综上所述,前厅是酒店的重要组成部分,是饭店的"神经中枢",是饭店联系宾客的"桥梁和纽带",是饭店经营管理的"窗口"。

二、前厅部的工作任务

1. 销售客房

前厅部的首要任务是销售客房。目前,我国有相当数量酒店,其前厅部的赢利占整个酒店利润总额的50%以上。前厅部推销客房数量的多与少,达成价格的高与低,不仅直接影响着酒店的客房收入,而且住店人数的多少和消费水平的高低,也间接地影响着酒店餐厅、酒吧等的收入。

2. 提供信息

前厅部是饭店经营活动的主要信息源。它包括饭店经营的外部市场信息(如旅游业发展状况、国内外最新经济信息、宾客的消费需要与心理、人均消费水平、年龄结构等)和内部管理信息(如出租率、营业收入、宾客投诉、客情预测、宾客住店离店以及在各营业点的消费情况等)。前厅部不仅要有意识地收集这类信息,而且要对其进行加工处理,并将其传递到客房、餐饮等饭店经营部门和管理机构,以便采取相应的对策,为宾客提供出色的服务。

3. 协调对客服务

现代饭店要强调统一协调对客服务,要使分工的各个方面都能有效地运转,充分发挥作用。前厅部作为饭店的"神经中枢",要向有关部门下达各项业务指令,然后协调各部门解决执行指令过程中遇到的新问题,联络各部门为客人提供优质服务。

4. 房态控制

前厅部必须在任何时刻都正确地显示每个房间的状况——住客房、走客房、待打扫房、待售房等,为客房的销售和分配提供可靠的依据。

5. 提供各类前厅服务

前厅部作为对客服务的集中点,除了开展预订和接待业务,销售客房商品,协调各部门对客服务外,其本身也担负着大量的直接为客人提供日常服务的工作。前厅服务范围不仅涉及机场和车站接送服务、门童行李服务、入住登记服务、离店结账服务,还涉及换房服务、退房服务、问询服务、票务代办服务、邮件报刊(函件)服务、电话通信服务、商务文秘服务等。这些日常服务工作的质量、效率非常重要,直接体现了饭店给客人提供的服务水平。

6. 财务管理

建立客账是为了记录和监视客人与酒店间的财务关系,以保证酒店及时准确地得到营业收入。客人的账单可以在预订客房时建立(记入定金或预付款),也可在办理入住登记手续时建立。

7. 建立客史档案

大部分酒店为住店一次以上的零星散客建立客史档案,并按客人姓名字母顺序排列,记录相关内容。

任务 1-2　前厅部的组织机构

一、前厅部组织机构设置的原则

1. 从实际出发

前厅部机构设置应该从酒店的性质、规模、地理位置、经营特点及管理方式等实际出发,而不能生搬硬套。比如规模小的酒店及以内部接待为主的酒店就可以将前厅部并入客房部,而不必独立设置。

2. 机构精简

前厅部的设置应防止机构臃肿、人浮于事的现象,一方面,要注意"因事设人",而不能"因人设事""因人设岗";另一方面,也要注意机构精简并不意味着机构的过分简单化,出现职能空缺的现象。

3. 分工明确

应明确岗位人员的职责和任务,明确上下级隶属关系及信息传达的渠道和途径,防止出现管理职能空缺、重叠或相互"打架"的现象。

二、前厅部组织机构图

根据饭店的规模不同,大致有以下几种模式。

1. 大型饭店采用的模式

饭店设客房事务部(或称房务部),下设前厅、客房、洗衣和公共卫生四个部门,统一管理预订、接待、住店过程中的一切业务,内部通常设有部门经理、主管、领班和服务员四个管理层次。这种模式一般为大型饭店所采用。大型饭店前厅部组织机构图如图 1-2 所示。

2. 中型饭店采用的模式

前厅部作为饭店的一个独立部门,与客房部、餐饮部等部门并列。部门内设部门经理、领班、服务员三个管理层次。这种模式一般为中型饭店所采用。中型饭店前厅部组织机构图如图 1-3 所示。

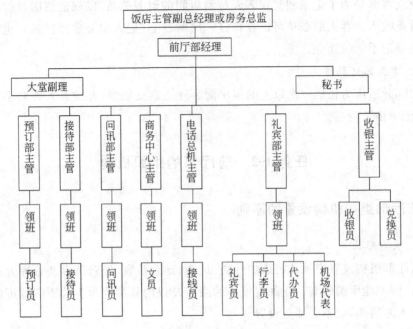

图 1-2　大型饭店前厅部组织机构

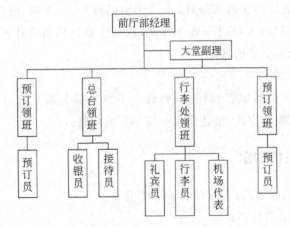

图 1-3　中型饭店前厅部组织机构

3. 小型饭店采用的模式

前厅部作为一个班组归属于客房部,不单独设立部门,只设领班(主管)和总台服务员两个管理层次。这种模式一般为小型饭店所采用。但随着市场竞争的加剧,为了给客人提供更周到的服务,强化前厅的推销和信息中心的功能,发挥前厅的参谋作用,许多小型饭店也开始增设前厅部。小型饭店前厅部组织机构图如图 1-4所示。

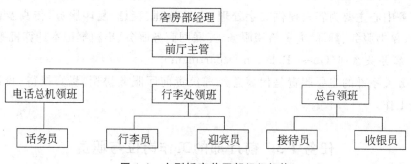

图 1-4 小型饭店前厅部组织机构

三、前厅部主要部门业务简介

1. 预订处(Room Reservations)

预订处主要负责未来客人和目前客人的客房预订,做好饭店所有客房的占用和使用情况的登录工作,以便保证未来不出现超额预订出租客房的现象。另外,当大型团队租用客房时,预订部必须与销售部保持密切的联系。

2. 接待处(Reception)

接待处主要负责迎送接待、推销客房、开房登记、排房、准确控制客房状态、协调对客服务、积极参与饭店的促销活动、建立客账、制作统计分析报表等业务。

3. 问讯处(Information)

问讯处负责回答客人有关饭店服务的一切问题及饭店的交通、旅游、购物等内容的询问,代客对外联络,处理客人的邮件等。

4. 礼宾部(Concierge)

礼宾部负责在饭店的门厅恭候来店的客人,引导客人处理入住登记手续,应客人的要求办理外出饭店的交通、观光或其他事务,以便给予客人最大的方便。

5. 收银处(Cashier)

收银处在组织机构上通常隶属于饭店财务部,但工作地点位于饭店大堂,直接参与对客服务。前厅收银处在对客服务环节上与接待处、问讯处和预订处有不可分割的联系,对服务质量有共同标准。其主要业务有:受理入住宾客的预付担保手续,提供宾客消费构成的信息资料,建立数据库,提供外币兑换服务等。

6. 电话总机(Switch Board)

电话总机主要负责及时准确地接转饭店内外客人的电话,向来店客人提供信息服务,按照客人要求提供叫醒服务,记录客人电话账单并转交收银处,播放背景音乐和影视节目等。

7. 商务中心(Business Center)

商务中心主要为客人提供文字处理、文件整理、装订、复印服务、传真及国际快运服务、秘书服务、翻译、商务洽谈服务、互联网商务服务、出租笔记本计算机等。

8. 客务关系部(Guest Relation Department)

客务关系部的主要职责是代表总经理负责前厅服务协调、贵宾接待、投诉处理等服务工作。

任务 1-3　前厅部的工作岗位与职责

前厅部的工作岗位较多,其岗位职责也很重要,一般星级酒店下设的工作岗位如下。

一、预订员

预订员是指在前台为客人办理预订咨询和预订手续的服务员。其岗位职责是:

(1) 在电话铃响起的三声内,用标准的普通话接听咨询电话或预订电话;

(2) 受理国内外客人的电话、书信、传真、网络预订等不同形式的客房预订;

(3) 处理销售部或其他部门发来的客房预订单;

(4) 掌握预订客人的信用和担保信息;

(5) 及时、准确地发现客人预订单的变更和确认书、婉拒信等信息;

(6) 运用计算机设备,按酒店规定的服务程序和标准进行输入、变更、取消等数据处理;

(7) 做好客史档案的建立、更新、整理和保管工作;

(8) 爱护使用各种设备,发现故障及时联系维修。

二、接待员

接待员是指在前台为客人办理入住登记手续的服务员,如图 1-5 所示。其岗位职责是:

(1) 为客人办理入住登记与开房手续;

(2) 按程序向客人提供留言等服务;

(3) 办理换房、加床、续住等手续;

(4) 制作、发放客房钥匙、房间磁卡;

(5) 统计与填写入住散客及团队客人登记单;

(6) 按饭店要求,及时汇报可疑情况;

(7) 保持接待柜台干净整洁,宣传品齐全。

图 1-5　接待员

三、迎宾员或门童

迎宾员或门童是前厅部设在宾馆饭店门口,按照一定的礼仪规范标准,为客人提供热情、周到、微笑服务的服务员。其岗位职责是:

(1) 负责宾馆饭店门口的迎宾服务;

(2) 负责疏通饭店门前的车辆,保持车道畅通;

(3) 为来店客人提供拉门服务,并向来店、离店客人致意问候;

(4) 为客人安排出租车,协助行李员装卸及看管行李;

(5) 为客人指示方向,回答客人的询问;

(6) 帮助老弱体残的客人上下车和进出宾馆饭店;

(7) 观察大门内外和前台、大堂进出人员的动向,协助保安人员做好饭店前的安全保卫工作;

(8) 完成领班布置的其他礼仪接待工作。

四、机场接待员

机场接待员是前厅部安排到机场接送客人的礼宾服务员。其岗位职责是:

(1) 在前厅主管的领导下,负责为住店客人提供满意的接送服务;

(2) 代表饭店到机场接送 VIP 客人;

(3) 及时与前台和机场联系,获取有关航班抵离情况,避免误接或未接现象发生;

(4) 负责接送客人的问讯,解决接送客人的有关要求;

(5) 完成主管布置的其他接送服务工作。

五、行李员

行李员是指为客人提供接运和寄存行李、收发报刊信件、留言找人和传真文件的送达,以及办理消减寄存的服务员。其岗位职责是:

(1) 为入住或离开酒店的客人提供行李接送服务;

(2) 引领客人进住房间,主动介绍饭店及客房设施设备和服务项目;

(3) 代客寄存行李物品,收发并分送报刊、信件及留言;

(4) 为住店客人取送商务中心传真;

(5) 为客人提供公共区域寻人服务;

(6) 为客人召唤和预订出租车。

六、问讯员

问讯员是指在前台负责回答客人的咨询,处理客人以及酒店的电传、电报、留言和信件的服务员。其岗位职责是:

(1) 准确掌握酒店的各方面信息;

(2) 了解客人有可能咨询的旅游景点、购物和交通信息,并按标准把客人问讯的内容记录在册;

(3) 按标准程序接听客人的留言内容,并准确记录;

(4) 处理所有给客人或给酒店的电传和信件,并准确无误地递交给客人和有关部门;

(5) 准确记录收到和发出的快件、包裹、信件;

(6) 按照工作程序和标准向客人提供钥匙,如客人需要两把钥匙,要报告主管,主管同意后方可递交客人;

(7) 给客人提供一些简单的用品,包括打火机、曲别针、价格表、信封、信纸和服务指南等;

(8) 在下班之前做好下一班的交接工作。

七、总机话务员

总机话务员是指在总机服务台为客人接转电话的服务员。其岗位职责是:

(1) 为客人提供内、外线电话服务和查询服务;

(2) 为客人提供店内寻呼、电话留言和叫醒服务;

(3) 受理客人的长途、直拨电话业务;

(4) 向其他部门或岗位转达客人的需求;

（5）正确使用和维护各种通信设备；

（6）维护总台的卫生清洁。

八、商务中心服务员

商务中心服务员是指前厅部为客人提供商务文秘服务的服务员。其岗位职责是：

（1）为客人收发传真；

（2）为客人打印、复印和装订文件；

（3）为客人发送电子邮件；

（4）为客人提供国际、国内长途电话服务；

（5）为客人提供常用办公文具服务；

（6）为客人提供购买旅游工艺品服务项目；

（7）为客人提供茶水或饮料服务。

九、收银员

收银员是指前厅部为客人提供结账离店服务的服务员。其岗位职责是：

（1）受理酒店住店客人所有消费的收款业务；

（2）催收核实账单；

（3）夜间统计当日营业收益，制作报表；

（4）按照标准和程序，向住店客人提供贵重物品保管服务。

十、大堂副理

大堂副理是前厅部设在大堂内，专为 VIP 客人提供周到服务和细心服务，负责处理宾馆偶发事件和处理住店客人投诉的服务员。其岗位职责是：

（1）在前厅部经理直接领导下，按照规范的礼仪礼貌标准，主要负责 VIP 客人在住店期间的接待、客房服务、就餐标准、娱乐活动等服务项目；

（2）能迅速处理饭店的偶发事件；

（3）能恰到好处地处理住店客人的各种投诉。

任务 1-4　前厅布局设施与环境

一、前厅功能布局

前厅按功能划分，可分为正门入口处及人流路线、服务区、休息区和公共卫生间等主要区域。

(一) 正门入口处及人流路线

1. 大门、边门功能有别

(1) 正门高大,是客人的主要进出口,外观富于装饰风格,用材档次较高,配件华丽。正门有玻璃门、旋转门,有的还设了双道门,防尘、保温、隔音效果更好。正门夜间一般关闭,只开边门。边门可供团队出入和运送行李物品等。

(2) 饭店正门外一般建有雨篷、上下车的车道、回车道和停车场。车道、宽度一般不小于 4.5 米。在正门前台阶旁应专门设立残疾客人轮椅坡道,轮椅坡道宽度应不少于 1.2 米,坡度不超过 12 度。

(3) 通常在大门口地面铺设一块地毯,供客人擦干净鞋底进入大厅,保持大厅清洁,也为了防止湿鞋的水滴使客人滑倒。正门或边门一侧还设立雨伞架,供客人存放雨伞。

2. 人员流向设计规范合理

前厅作为饭店客流汇集的中心区域,通行要方便,分布流向应合理,符合客人活动规律。另外,前厅应与员工通道、员工洗手间、操作区域、货用电梯等尽量隔离区分,避免交叉、穿行,有碍客人活动。

(二) 服务区

1. 总服务台功能与位置

总服务台(简称总台)是为客人提供入住登记、问讯接待、查询服务、离店结账、外币兑换、联系协调等前厅服务的代表接待机构。总台一般都设在大堂中醒目的位置。总台的中轴线一般与客人进出饭店大门的直线通道垂直或平行。

2. 总台型制与规格标准

(1) 总台常见的型制有中心长台型、侧向长台型和分立圆台型 3 种。中心长台型一般设置在前厅中后部,正对大门出口处,呈半"口"或直线状;侧向长台型,多呈"L""W""H""门"等状,一般设置在大门出口一侧,位置也很醒目;分立圆台型一般设置在前厅正对门出口处,设立多个圆形台,位置突出。

(2) 总台的大小应根据饭店前厅面积的大小、客房数量的多少及饭店接待工作的需要来确定。总台高度一般为 1.2~1.3 米,台面宽度为 0.45~0.6 米。总台内侧设有工作台,其高度一般为 0.75~0.85 米,台面宽度为 0.6 米。总台内侧与墙面之间,通常有 1.2~1.8 米的距离,用于接待人员通行。

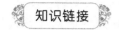
知识链接

座式前台

近几年,有些国内饭店在设计时为突出饭店的经营特色,提高服务档次,模仿国外一些著名饭店的"座式前台"(见图1-6)的理念,一改常见的站立式前台服务模式,让客人坐下来,同时前台服务员也采用坐式提供服务,显得颇有亲切感。但是,应该注意:

(1)"座式前台"一般适合于大型休闲度假饭店、城市饭店或高级公寓式饭店,尤其是有信用卡自动结算功能的先进饭店。

(2)"座式前台"的数量、大小、位置、角度都与饭店的性质、规模、风格有关。

(3)"座式前台"是一个完整的工作单元,由接待、服务、客位、等候休息、资料保管等部分组成,不是简单的"桌椅组合"。

(4)"座式前台"设计与大堂规划密切相关,对前台、财务室、结账台、客人休息区、贵重物品保管室的布局都会产生影响,须统一布置。

(5)"座式前台"对前台接待人员的操作技能、职业素养以及办理入住和结算的速度、计算机的配置等要求很高,一般适用于由专业饭店管理公司管理的饭店。

图1-6 座式前台

（三）休息区

大厅休息区是宾客来往酒店时等候、休息或约见亲友的场所,要求相对安静和不受干扰。休息区的主要家具是供客人休息的沙发座椅和配套茶几。沙发可根据需要围成几组方形,也可围着柱子设置,大型酒店的休息区沙发座椅应不少于20座,旨在人流进出频繁、充满动感的大厅空间中,构筑一个宁静舒适的小环境。

(四) 公共卫生间

酒店大厅或附近通常都设有供男女客人使用的公共卫生间。公共卫生间的设施主要有便器和洗脸盆,还要有烘手机、手纸、面巾纸、小毛巾、香皂等器具和用品。公共卫生间要宽敞干净、设施要完好、用品要齐全。

从一定意义上讲,公共卫生间可以反映酒店的档次和服务水准,是酒店的"名片"。所以,公共卫生间的装饰材料选择与大堂其他部分在规格和质地上要相一致,如现代酒店的大堂一般用大理石装修,其公共卫生间也应选用同样材料装修。大堂有众多的进出人流,要考虑公共卫生间的位置,既方便客人又能避开外人的直视,标识要明显。

二、前厅部的环境设置与营造

(一) 环境设置

1. 光线

灯光的强弱应逐渐变化,可采用不同种类、不同亮度、不同层次、不同照明方式的灯光,配合自然光线,达到和谐、柔和而没有炫目的感觉。一般情况下,大厅采用高强度的华丽吊灯;客人休息处设置舒适优雅的立灯或台灯;总台则要使用照明度偏高的灯光,营造适宜的工作环境。

延伸阅读

酒店大堂光环境的设计

酒店大堂是整个酒店建筑的核心空间,是人们感受酒店特色的第一印象空间。酒店大堂空间中的光环境应该是体现各个不同功能区域性格的多层次的复合光环境。人是空间使用的主体,因此,各种性格的光环境设计都要以烘托人的行为,滋养人的情感为原则,要处处体现人性化的设计。

1. 清晰明亮的光环境

大堂空间是公共服务性场所,在总服务台、大堂吧台、商务中心、自助咨询等服务区域设置明亮的光环境有利于提高处理事务的效率。以总台为例,入住或离开酒店都要在此办理入退手续,它是服务人员长时间动作的区域。这些功能决定了该区域的光线要有较高的照度要求。其一,明亮的光线有利于吸引人们的视线,可以起到空间导向作用;其二,明亮的环境可以满足人们阅读、签订单据的需求。工作人员也不会因为长时间处于较暗的光环境而感到困倦。总台看起来要有宾至如归的感觉,因此光源应以暖色调为宜,且有较好的显色性。照明方式以暗藏下射灯具为主,设置的位置要避免眩光的产生。总台上应配置辅助的照明工具，以使人们因下射光而产生的生硬的阴影得以弱化，使人形象明晰，富有亲切感。服务台既是空间中的使用元素，又是装饰元素，因此可以依据它在空间中所占据的分量靠灯光的强弱来突出或弱化。

2. 华丽的光环境

大堂空间也是商业性空间，它要时刻以自己独特的魅力吸引往来的客人并给人以深刻良好的印象。热烈华丽的光环境不仅能彰显酒店尊贵的身份，而且能给人的心灵带来巨大的震撼，让客人感到兴奋与愉悦。大堂的主厅一般很高，这里是营造酒店华丽气氛的最好场所。参差错落的光带，有韵律的点光源，巨型璀璨夺目的主灯，对眩光的有利利用配合实体的造型和材质质感共同冲击人们的视觉，共同展示酒店大堂富丽堂皇的气氛，给人带来极大的吸引力。如果这种吸引力能使过往的行人不由得产生进来喝一杯咖啡的冲动，那么大堂设计的目的就达到了。

3. 闲逸的光环境

大堂中酒吧和休息厅空间是客人停留相对较长时间的场所，它是客人聚会畅谈的地方，在环境气氛上要追求私密、亲切，有利于人松弛紧张的神经和释放身心压力。过分均匀的照度会让人感觉平淡，并且缺乏私密感，因此，该区域对照度和均匀度要求不高，应着力于创造层次丰富又相对独立私密的小空间。台灯或落地灯是创造这种气氛、实现这个目的的最佳照明方式。它不仅为高大的空间引来了宜人的尺度，而且为人的面部提供了侧光，弱化了由顶光在面部产生的不亲和的阴影。

4. 活泼的光环境

大堂空间中要恰当地布置一些趣味性的照明。这不仅是活跃空间气氛、丰富空间层次的有效手段，也是人性化设计的体现。一般来说，我们在多层共享的大堂空间中都会看到开敞的楼梯，它所处的位置决定了它将成为大堂中的重要景观元素，而不单纯是一个交通通道。楼梯对人们的视觉产生很大的冲击，因此，应该在这个地方设置局部的照明，以强调楼梯在空间中的艺术性。它的设置不仅使人能够更清晰地看清踏步，增强了安全感，而且有利于表现其造型的美感和材质感，增加了这个空间的情趣。此外，应该在较长的走廊空间和主厅空间的局部设置重点照明配合艺术品或花卉等造型。这样就会使这些原本容易让人觉得乏味的空间充满活力。

5. 舒适的光环境

在酒店大堂空间中，类似入口门厅、走廊、电梯厅等过渡空间的光环境的设计是最容易被忽略的。虽然同主厅等一些大空间相比，这些空间可能只能充当配角，但在光环境的设计上同样要给予足够的重视，否则也会给人带来不适。例如，入口门厅空间直接连接室外空间，当这两个空间的光照度存在很大差距时，人由一个空间进入另一个空间就会因为人眼对光环境的明暗适应的生理原因而暂时感到不舒适。

因此,在为人们创造柔和舒适的光环境的同时,还要在这里设置调光装置,以便能使门厅的照度适应室外自然光照度的变化。

总之,对大堂空间中的各功能区域做细致的分析探讨,以创造既能满足各空间照度需求,又能受到人的青睐的、宜人的、给人留下美好印象的空间光环境。

(资料来源:陈基浩.论酒店大堂光环境的设计[J].中华建设,2008(8).)

2. 色彩

前厅内客人主要活动区域的地面、墙面、吊灯等应以暖色调为主,以烘托豪华热烈的气氛。色彩搭配应与前厅的服务环境相协调。在客人休息的沙发附近,色彩应略冷些,使人能有一种宁静、平和的心境。

3. 度与湿度

饭店通过单个空调机或中央空调,一般都可以把大厅温度维持在人体所需的最佳状态,一般夏季温度在 $24 \sim 26℃$,冬季温度在 $20 \sim 22℃$,再配以适当的湿度($40\% \sim 60\%$),整个环境就比较宜人了。

4. 风

通常高星级饭店大厅内风速应保持在 $0.1 \sim 0.3$ 米/秒,大厅内新风量一般不低于 160 立方米/人·小时。大厅内的废气和污染物的控制标准是:一氧化碳含量不超过 5 毫克/立方米;二氧化碳含量不超过 0.1%;可吸纳颗粒物不超过 0.1 毫克/立方米;细菌总数不超过 3 000 个/立方米。

5. 声音

饭店大厅内通常使用隔音板等材料降低噪声,播放舒缓、高雅的背景音乐等。

(二)氛围营造

(1) 突出主题:选好主旋律,如东方、西方、宫廷式、民间式、现代式、西典式等。

(2) 文化为魂:彰显地域文化,如前厅的墙面上配以有民族风情的大型壁画和大型浮雕,厅内的家具摆设注意地方特色等。

(3) 服务有素:前厅服务员穿戴制服整洁,大方庄重,举止文明,微笑服务,注重效率等。

✍ 实训练习

调查高星酒店前厅环境

1. 调查形式

以小组为单位,实地参观调查酒店前厅。

2. 调查内容

(1) 基本概况:位置、房价。

（2）前厅环境：前厅分区布局、大堂装饰美化、卫生状况。

（3）服务环境：精神面貌、工装、服务态度、效率。

（4）评价：谈谈你对该饭店前厅大堂的印象，对各项内容的看法如何，存在哪些不足。

3. 调查要求

（1）观察要仔细、全面，注意安全。

（2）每组带回饭店介绍宣传册、房价表、饭店名片。

（3）以小组为单位（4～6人/组）完成一份调查报告，要求涵盖以上调查项目内容，并进行小组陈述和感想交流。

三、前厅部的设施设备

随着科技进步和酒店业的发展，目前的星级饭店里，前厅部的管理设备在原有的基础上相继引用了计算机管理信息系统，包括预订管理系统、客房管理系统、客账管理系统、经理查询系统、报表管理系统和电话计费系统等，通过中心网络的作用，酒店管理工作朝着方便、快捷、准确、高效的方向发展。除此之外，酒店前厅部还应具备以下设施设备。

（1）信用卡刷卡机、POS机，是用手工刷信用卡和计算机刷信用卡的工具，是供客人用信用卡结账而准备的设备。其功能是将客人信用卡上的数码、文字等打印到一式四联的信用卡单上。

（2）验钞机，是为了识别人民币、外币的真伪而准备的工具。

（3）电话机、传真机、打印机，一般是前台服务员在预订业务和接待业务中常用的设施设备。计算机是预订员接待客人预订房间的必备工具；传真机和打印机是前厅服务员在预订和接待、结账业务工作中，用来传送资料和打印资料的必备工具。

（4）复印机，是复印各种资料和文件的工具，可以和商务中心合用。

（5）扫描仪，是用来扫描客人有关身份证件如身份证、护照等的仪器。

（6）打时机，是可以打印出瞬间时间的一种时钟式机器，它起到控制收发信件、文件以及打印资料速度的作用。

（7）电子钥匙机、钥匙卡，是专为客人到店后配钥匙卡而准备的一种设备，钥匙卡是客人进房间时用来打开房门的磁性卡片。顾客住宿期间可使用电子钥匙卡作特殊证明，用它打长途电话，从自动售货机中购买饮料、食品和其他用品；还可以在酒吧、餐厅、康乐中心或酒店其他服务部门消费。每项付款都会通过这张电子钥匙卡转到客人账目上。随着科学技术的发展，有些酒店已开始使用指纹辨识系统进行开门识别工具。

（8）叫醒闹钟，用于采用人工叫醒服务的酒店，它的位置在电话总机旁，用来提示话务员或服务员按客人要求提供唤醒服务。叫醒闹钟每隔 5 分钟提醒一次,到了设定时间,叫醒闹钟会自动鸣响。

(9)贵重物品保管箱,是用来保管宾客贵重物品的箱子,一般 24 小时免费为客人服务。通常放置在前台收银处旁边一间僻静、单独的房间里,保管箱箱体为多格形、各有门锁的橱柜。也有许多酒店使用计算机保管箱或房间密码保管箱,由住客输入密码开启。

(10)电子导视图,位于酒店大堂,可以方便客人了解本市、本地区的观光景点、购物、娱乐场所,介绍酒店——餐厅、新推出的菜品、当日的主题节目和表演等。电子导视图的内容随着经营活动的变化而更新。

(11)行李车,是用于装载团队行李和散客行李的小车。

(12)雨伞架,是在大门口设立的一个塑钢架,供客人在下雨天存取雨伞而准备的设施设备。

知识链接

一个良好的酒店大堂应该具备的条件

(1)酒店入口处要有气派、有吸引力,有迎接客人的气氛。

(2)大堂宽敞舒适,其建筑面积与整个酒店的接待能力相适应。面积应与酒店的客房间数成一定比例。约为 0.4~0.8 平方米/间。

(3)整体布局合理,装饰华丽。

(4)大堂有一定的高度,不会使人感到压抑,最好为天井式的,采光良好。

(5)空气清新,温度适宜,舒适。

(6)有良好的隔音效果。

(7)背景音乐适宜,可以播放各种轻音乐、民族音乐等,音量适中。

(8)灯光柔和。

(9)有足够的湿度。

(10)地面美观,最好为大理石或优质木地板,既豪华美观,又便于清洁。

(11)位于大堂的部门招牌显而易见。

(12)星级酒店要配备能够显示世界主要客源国(或城市)时间的时钟。

延伸阅读

五星级饭店对前厅部门的规定和要求

《旅游饭店星级的划分与评定》中给出了星级饭店必备检查项目。表 1-1 列出了五星级饭店对前厅部门的规定和要求。

表 1-1　五星级饭店必备项目检查(仅前厅部分)

序号	前　　厅
1	空间宽敞,与接待能力相适应,不使客人产生压抑感
2	气氛豪华,风格独特,装饰典雅,色调协调,光线充足
3	有与饭店规模、星级相适应的总服务台
4	总服务台各区段有中英文标志,接待人员 24 小时提供接待、问询和结账服务
5	提供留言服务
6	提供一次性总账单结账服务(商品除外)
7	提供信用卡结算服务
8	18 小时提供外币兑换服务
9	提供饭店服务项目宣传品、客房价目表、中英文所在地交通图、全国旅游交通图、所在地和全国旅游景点介绍、主要交通工具时刻表、与住店客人相适应的报刊
10	24 小时接受客房预订
11	有饭店和客人同时开启的贵重物品保险箱,保险箱位置安全、隐蔽,能够保护客人的隐私
12	设门卫应接员,18 小时迎送客人
13	设专职行李员,有专用行李车,24 小时提供行李服务;有小件行李存放处
14	有管理人员 24 小时在岗值班
15	设大堂经理,24 小时在岗服务
16	在非经营区设客人休息场所
17	提供代客预订和安排出租汽车服务
18	门厅及主要公共区域有残疾人出入坡道,配备轮椅,有残疾人专用卫生间或厕位,能为残疾人提供必要的服务

　　(资料来源:国家质检总局,国家标准化委员会.GB/T 14308—2010 旅游饭店星级的划分与评定[S].北京:中国标准出版社,2011.)

学习情境2　前厅服务员应具备的职业素养

任务 2-1　前厅服务员应具备的基本素质

　　饭店大厅的空间、设备、装饰美化等物的因素固然重要,但更为重要的是人的因素,人的因素和物的因素相结合,才能真正形成良好的大厅环境与氛围。高素质的前厅员工是创造前厅氛围最积极的因素,代表着饭店的整体形象。

一、应具备的仪容仪表

　　端正大方的仪容仪表是前厅服务员外部形象的最佳展现,也是前厅服务员必须具备的气质或风度。良好的仪容仪表代表了前厅部员工对企业和工作的热爱,对客人的尊重,反映了酒店高品位的服务水准和积极向上的企业文化。对前厅服务人员仪容仪表的主要标准如下。

　　1. 面容

　　(1) 员工上班面容整洁、大方、舒适,精神饱满。

　　(2) 男性员工不留长发、小胡子和大鬓角。头发长度要求适中,以短为主,男员工应侧不压耳,后不盖领,女员工应前不遮眉,后不披肩;长发后束,露出耳朵。女性员工上班时间发型要求统一,戴的发结也要统一,发型要求美观大方,以盘发髻为标准。员工均不允许留怪异发型,不准染彩色头发。

　　(3) 服务时精神集中,眼睛明亮有神,不倦怠。

　　2. 化妆

　　(1) 上班前整理面容,女性员工化淡妆,容貌美观自然,有青春活力。

　　(2) 不浓妆艳抹,不轻佻、娇艳,以免引起客人反感。

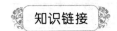 知识链接

女性员工要学会化妆

　　酒店女员工的化妆合适与否,直接反映酒店整体的精神面貌。女员工不化妆给客人精神不振作的感觉;但若浓施粉黛,会给客人留下不庄重、喧宾夺主的印象。总的原则是,女员工要化妆,但应化淡妆。下面是酒店女员工化妆的九个要领。

　　(1) 不褪色的朱唇。用唇笔勾画好轮廓,用同一支唇笔在轮廓内填上颜色,然后用唇笔扫蘸唇膏再涂一层,这样会令唇形看来更加丰满,而且持久。但千万不能涂得鲜红,只要显得精神即可,否则就与服务角色不相称了。

　　(2) 柔和的眼影。鲜艳的眼影再加上粗粗的线,是最失败的化妆法。专家指出,美丽的化妆主要是靠颜料混合交融,而最自然的眼影是冷艳的棕色及含蓄的灰褐色。凡以红色为基调的眼影,如紫红色或紫蓝色,都会令眼睛看起来浮肿。

　　(3) 遮住黑眼圈。遮瑕膏颜色太浅,会令黑眼圈更加显眼。用带黄色或橙色遮瑕膏最自然,颜色宜比肤色浅一些。

　　(4) 腮红要擦得淡薄、均匀。很多人脸上的腮红擦得一块白一块红,很不自然。问题通常出在所用的腮红刷子太小,以致腮红在颊上分布不均。最好是用一个大大的腮红刷。如果睫毛仍粘在一起,可用睫毛梳整理一下。

　　(5) 眼线不宜太明显。画好眼线后,不妨用尾指或棉花棒稍微抹开,使眼部看起

来自然。

（6）扑粉时不宜太用力。所用的粉扑越大越好，而且在最后应将多余的粉扫去。

（7）眉毛要整齐。现在流行较长但形状自然的眉。无论是否用眉笔将双眉的颜色加深，临出门前都应用眉扫擦眼眉，使眉毛顺从生长的方向，这样看起来自然，显得眉清目秀。

（8）下颌不宜有明显的分界线。搽粉底或扑粉，一定要兼顾颈部，不应搽到下颌线便停止，否则鸿沟分明，有欠自然。

（9）记住补妆。在进食或辛劳工作后，记住补妆，可以令你看起来一直容光焕发。

3．饰物

（1）员工上班不佩戴贵重耳环、手镯、项链等。可选择适当的手表、胸针和发卡等饰物，但须与面容、发型、服饰协调，美观大方。

（2）不浓妆艳抹，无轻佻、做作，引起客人反感的行为。

4．个人卫生

上班前整理个人卫生，做到整洁、干净、无异味。

5．工装服饰

（1）前厅员工应按照个人的岗位性质不同而穿着不同的工装，不可借其他岗位同事制服乱穿。员工工作服应美观合体，能突出人体自然美。

（2）岗前检查制服的整洁性，扣子是否齐全，衣裤是否有漏缝和破边，领子和袖口是否干净。

（3）袖口和领口的扣子一定要扣好，尤其是不打领带的制服，领口的扣子不能松开，里面的衣服领子和袖子切记不可外露。

（4）男服务员鞋跟不能超过 3 厘米，女服务员鞋跟不超过 4 厘米；袜子颜色应该和鞋子相协调，深色配深色，浅色配浅色，一般不宜穿花袜子，袜子口不能露在裤子或是裙子外。

（5）工号牌应该端正地佩戴在左胸上方，不可斜挂、竖挂，不得挂于拉链、纽扣缝、腰带、里面衣服等。工号牌要保持清洁，无破损。

二、应具备的礼貌修养

礼貌修养是以人的德才学识为基础的，是内在美的自然流露。前厅服务人员应有的礼貌修养具体表现如下。

1．言谈举止

（1）客人来时有欢迎声，客人走时有道别声。在前厅遇到客人时，要主动与客人打招呼，应做到用语规范、声调柔和、语气亲切、表达得体、文明优雅。

（2）保持发自内心的微笑，为客人提供咨询、接待、办理入住、离店退房手续等服务项目。

 典型案例

微笑的魅力

在一家饭店，一位来自台湾地区的住店客人外出时，他的一位朋友来找他，要求进客人房间等候，由于客人事先没有交代，总台服务员没有答应其要求。客人回来后十分不悦，跑到总台与服务员争执起来。宾客关系主任小王闻讯赶来，刚要开口解释，怒气正盛的客人就指着她，言辞激烈地指责起来。当时小王心里很清楚，在这种情况下，作任何解释都是没有意义的，反而会使客人情绪更加激动。于是她默默无言地看着他，脸上始终保持一种友好的微笑，让他尽情地发泄怒火，直到客人平静下来。小王心平气和地告诉他饭店的有关规定，并表示歉意。客人接受了小王的解释。这位台湾客人离店前还专门找小王辞行，说："你的微笑征服了我，希望我有幸再来饭店时，能再次见到你的微笑。"

案例评析：

微笑，一旦成为从事某种职业所必备的素养后，就意味着不但要付出具有实在意义的劳动，还需付出真实的情感。小王正是用她真诚的微笑感动了客人，平息了客人的怒火。

的确，微笑已成为一种各国宾客都理解的世界性欢迎语言。世界各大著名饭店管理集团如喜来登、希尔顿、假日等有一条共有的经验，即作为一切服务程序灵魂与指导的十把金钥匙中最重要的一把就是微笑。美国著名的麦当劳快餐店老板也认为，笑容是最有价值的商品之一。麦当劳不仅提供高质量的食品饮料和高水准的优质服务，还免费提供微笑，招徕顾客。

延伸阅读

微 笑 礼 仪

（1）基本做法：不发声、不露齿，肌肉放松，嘴角两端向上略微提起。一定要发自内心、发自肺腑，并由眼神、眉毛、嘴巴等配合完成。

（2）笑也要掌握分寸，如果在不该笑的时候发笑，或者在只应微笑时大笑，会使对方感到疑虑，甚至以为你是在取笑他。这一点必须注意。当然，微笑必须以优质服务为基础。下面举一个反面事例：

一次，一个西欧旅游团深夜到达某饭店，由于事先联系不周，客房已满，只好委屈他们睡大厅。全团人员顿时哗然，扬言要敲开每一个房间，吵醒所有宾客，看看是否真的无房。此时，客房部经理却向他们"微笑"着耸耸肩，表示无可奈何，爱莫能助。这使宾客更为不满，认为经理的这种微笑是一种幸灾乐祸的讥笑，是对他们的污辱，便拍着桌子大声喝道："你再这样笑，我们就揍你！"这位经理十分尴尬。后来在翻译人员的再三解释下，客人的愤怒才告平息。

显然，没有优质服务，尤其在客人愤怒的情况下，不合时宜的微笑，与微笑服务的本意南辕北辙。

微笑服务是饭店接待服务的永恒主题，是饭店服务一刻不可放松的必修课，它包含丰富的精神内涵和微妙的情感艺术：热忱、友谊、信任、期望、诚挚、体谅、慰藉、祝福。但要把握时机，恰到好处。

（3）站立挺直自然，不倚不靠，行走轻快，不奔跑。手势正确，动作优美、自然，符合规范。

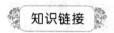 知识链接

三"姿"一"势"

1. 站姿

（1）错误的站立姿势：垂头、垂下巴、含胸、腹部松弛、肚腩凸出、臀部凸出、耸肩驼背、屈腿、斜腰、依靠物体、双手抱在胸前。

（2）正确的站立姿势：

① 头正、颈直、两眼平视前方，表情自然明朗，收下颌、闭嘴。

② 挺胸、双肩平，微向后张，收腹、收臀部，使臀部略为上翘。

③ 两臂自然下垂，男士手背在身后，或垂于体侧。

④ 两腿挺直，膝盖相碰，脚跟略为分开。男士双腿张开与肩宽。

⑤ 身体重心通过两腿中间、脚的前端的位置上。

2. 坐姿

（1）不美坐姿：脊背弯曲、低头向下、耸肩、瘫坐在椅子上、跷二郎腿时频繁摇腿、双脚大分叉或呈八字形、双脚交叉、足尖翘起、半脱鞋、两脚在地上蹭来蹭去、坐时手中不停地摆弄东西，如头发、饰品、手指、戒指之类。

（2）正确坐姿：

① 坐下之前应轻轻拉椅子，用右腿抵住椅背，轻轻用右手拉出，切忌发出太大声响。

② 坐下的动作不要太快或太慢、太重或太轻，太快显得有失教养，太慢则显得无时间观念；太重给人粗鲁不雅的印象，太轻给人谨小慎微的感觉。应大方自然，不卑不亢轻轻落座。

③ 坐下后上半身应与桌子保持一个拳头左右的距离，坐满椅子的2/3，不要只坐一个边或深陷椅中。

④ 坐下后上身应保持直立,不要前倾或后仰,更不要耷拉肩膀、驼背、含胸等,给人以萎靡不振的印象。

⑤ 肩部放松、手自然下垂,交握在膝上,五指并拢,或一手放在沙发或椅子扶手上,另一只手放在膝上。

⑥ 两腿、膝并拢,一般不要跷腿,千万不要抖动脚。两脚踝内侧互相并拢,两足尖距约 10 厘米。

3. 走姿

(1) 错误的走姿:速度过快或过慢、笨重、身体摆动不优美、上身摆动过大、含胸歪脖、斜腰挺腹、扭动臀部幅度过大。

(2) 正确的走姿:行走时双肩平稳,目光平视,下颌微收,面带微笑。手臂伸直放松,手指自然弯曲,摆动时以肩关节为轴,上臂带动前臂,双臂前后自然摆动,摆幅以 30～35 度为宜,肘关节略为弯曲,前臂不要向上甩动。上体微前倾,提髋屈大腿带动小腿向前迈。脚尖略抬,脚跟先接触地面,依靠后腿将身体重心推送到前脚脚掌,两腿跟走在一条直线上,脚尖偏离中心线约 10 度,使得身体前移。步幅适当,一般应该是前脚的脚跟与后脚的脚尖相距为一脚长。女士每分钟不超过 60 步,男士每分钟不超过 90 步。

4. 手势礼仪

(1) 在社交场合,应注意手势的幅度。手势的上界一般不应超过对方的视线,下界不低于自己的胸区,左右摆的范围不要太宽,应在人的胸前或右方进行。此外手势次数不宜过多,不宜重复。

(2) 自然亲切,多用柔和曲线的手势,少用生硬的直线条手势,以求拉近心理距离。

(3) 避免不良手势:①谈到自己时不用手指自己的鼻尖,而应用手掌按在胸口上;②谈到别人不可用手指别人,更忌讳背后对人指点等不礼貌的手势;③初见新客户,避免抓头发、玩饰物、掏鼻孔、剔牙齿、抬腕看表、高兴时拉袖子等粗鲁的手势动作。

2. 工作作风

应做到端庄、谦逊、谨慎、勤奋、好客。

3. 服务态度

应做到一视同仁,不卑不亢,待人热情,分寸适度,表情自然诚恳,精力充沛,微笑服务。容貌端庄、服装整洁、训练有素,令人信赖。

4. 性格

前厅服务人员应具有外向的性格,因为他们处于饭店接待客人的最前线,每天需要与各种客人打交道,提供面对面的服务,外向性格的人感情外露,热情开朗,笑口常开,善于交际。但是,如果性格过于外向,言谈举止咄咄逼人,或好为人师,极易造成对客关系紧张,无助于形成良好的气氛。所以,作为一名前厅服务人员,除了必须有开朗的性格,乐意为客人服务的品质外,更重要的是耐心、容忍和合作精神,善于自我调节情绪,始终如一的温和、礼貌、不发火,并具有幽默感,能为尴尬的局面打圆场,使自己在对客服务中保持身心平衡,并具有随机应变能力。

5. 品德

前厅服务人员必须具有良好的品德,正派、诚实、责任心强。前厅部的工作会涉及价格、出纳、外币兑换、酒店营业机密以及客人隐私、商业秘密等,每天都要同国内外各种客人打交道,所以前厅服务人员作风正派、为人诚实可靠、品行良好、不谋私利是很重要的。每一位员工都应具有良好的职业道德,用真诚的态度、良好的纪律为客人提供优质的服务。

三、应具备的敬业精神

前厅接待服务工作繁杂,与客人接触面广,因此,要求前厅服务员具备能够完成各项工作任务的敬业精神。具体要求有以下几点:

(1) 热爱酒店服务工作,对前厅工作有激情;

(2) 在工作岗位上,责任心强,有敬业精神;

(3) 在接待客人的服务中,能及时地向前厅部领班汇报客人的个性化需求;

(4) 在对客服务中,认真、踏实和负责,任劳任怨;

(5) 在对客服务中,能按照规范的操作程序,做到热情周到,细心完美。

四、应具备的心理素质

国外一位知名心理学专家说:"如果能在酒店做三年服务工作的员工,心理素质可以达到80分;如果能在前厅做三年服务员,心理素质可以达到95分;他们在这个行业成功的概率,应该是百分之百。"由此可见,一名前厅服务员的心理素质是否合格,是在服务行业中走向成功的第一个阶梯,具体要求有以下几点:

(1) 女服务员性格温顺,和蔼善良,具有淑女风范;

(2) 无论男女服务员,都要心态平和,遇事不急不躁;

(3) 对个别客人的不理解或无礼言行,能够做到宽容和理解;

(4) 处处事事为客人着想,站在客人的角度考虑问题;

(5) 和同事能够和睦相处,人际关系融洽;

(6) 服从领班安排,团队观念强;

(7) 能用宽容、平和的心态,与团队的所有同事合作。

🕮 **延伸阅读**

刘云调整心态有妙招

刘云在酒店实习已经半年了,在前厅做接待工作,认真负责,业务熟练,客人的口碑也很好。可是她个性比较强,有时和同事、经理的关系比较紧张,有时会心情烦躁、心急上火、心态失衡等,难免影响对客服务质量。

刘云为了调整好自己的心态,把工作做得更完美,采用以下几种方法:

(1) 避免晚上失眠,在睡觉前,戴上耳机,用随身听听一个小时的催眠音乐;

(2) 如果心情烦躁,就双手放在胸前,慢慢向下,双肩放平,做一次深呼吸,反复三次之后,使自己心情慢慢放松下来,烦躁情绪就会渐渐消除;

(3) 如果在工作中心急上火,就每隔 1 小时喝一杯白开水,不但解了心火,还使自己的心态慢慢地平和下来;

(4) 如果遇到发放月底奖金等问题,出现心态失衡,就利用下班时间阅读一些名人传记、书报杂志和饭店服务心理学通俗读物,从书中人物身上领悟一些做人、做事的道理,使自己的心态趋于平和。

五、应具备的身体素质

要想做一名合格的前厅服务员,还必须具有健康的身体素质。因前厅工作量大,在客人多的情况下,需要前厅服务员超负荷工作,如果没有良好的体魄和健康的体质,就不能胜任工作。具体要求有以下几点:

(1) 有一个健康的体魄,精力充沛,身体素质好。

(2) 工作精神饱满,在为客人服务时,有一种激情,能激发客人的兴奋点。

(3) 有连续站立 8 小时(门童或礼仪小姐)或紧张工作 8 小时的身体素质。

任务 2-2　前厅服务员应具备的职业能力

前厅服务员应具备以下基本职业技能。

一、应具备的语言交际能力

语言是人与人之间沟通交流的工具,掌握并熟练运用服务用语,是前厅服务员为客人提供优质服务的保障,具体要求有以下几点:

(1) 应使用优美的语言,令人愉悦的声调和客人交流,使服务过程显得有生机;

(2) 根据客人的不同身份,正确使用迎宾敬语、问候敬语、称呼敬语、服务敬语、道别敬语,为客人提供规范化的服务;

（3）在和国外客人交流时，能够在理解相关外语的基础上，与国外客人愉快地沟通交流，并能解决服务过程中的基本问题；

（4）善于用简单明了的语言，向客人表达服务用意，使客人能愉快地和自己交流。

特别提示

为客人提供恰到好处的语言服务，使客人有一种上帝的感觉。但不到位的服务礼仪，会给客人带来不愉快，这不但有损酒店的形象，而且会引起客人的投诉。因此，要注意以下几点事项：

（1）在与客人接触过程中，根据客人的性别、年龄和身份，使用合适的称呼。如"先生"一词用于称呼男性客人，"太太"一词一般是在得知对方已婚情况下对女子的尊称，"小姐"一词则主要是对未婚女性的称呼。在知道客人姓名后，可以将姓名和尊称搭配使用，如"史密斯太太"。

（2）对于有军衔、职位、学位的客人，以及皇室成员等，应予以相应的称谓；在使用外语称呼时，要注意外语与汉语习惯表达方法的区别。

（3）在与客人谈话时，不能使用"不知道"等否定语，应积极、委婉地回答客人提出的问题，当客人心情不好、言辞过激时，不能面露不悦的表情，应保持平和的态度，不要在客人面前与同事讲家乡话，不能扎堆聊天，切忌中途打断客人讲话，应让客人讲完后再应答。应答客人询问时要站立，要思想集中、全神贯注地聆听，不能侧身或目视别处，或心不在焉，或说话有气无力。

（4）在与客人谈话过程中，遇到其他客人有急事找自己时，要先说声："对不起，请稍后。"回来后继续为客人服务，并主动表示歉意："对不起，让您久等了。"

（5）应答客人询问时如果客人讲话含混不清或语速过快时，可以委婉地请客人复述，不能凭主观臆想，随意回答。

（6）提倡养成边听边记录的职业习惯，应答客人提问或征询有关事项时，语言应简洁、准确，语气婉转，声音大小适中，不能随心所欲地谈天说地，或声音过大，或词不达意。

（7）回答多位客人询问时，应从容不迫，按先后次序、轻重缓急逐一回答，并向等候询问的客人微笑示意，请其稍候。应答客人各种询问时，最重要的是：只要答应客人要办的事，应该立即去办，不能敷衍了事。

（8）对于个别客人提出的无理要求，要平静对待，或婉言拒绝，或委婉地回答："可能不会吧"，"很抱歉，我确实无法满足您的这种要求"，要表现出有风度而不失礼节。

（9）对于客人的直率批评指责，如果确实属于员工操作不当或失职所致，应首先向客人道歉,对客人的关注表示感谢,并立即报告或妥善处理。

(10) 不要与同事议论客人的行为举止或穿戴。与客人交谈时,如果发现有其他客人走近,应主动示意他们的到来,不应无所表示。在为客人服务过程中,不要经常看手表。

二、应具备记住回头客的能力

记住回头客是一个前厅服务员必须具备的工作能力。这要求你对曾住过该酒店一次以上的客人,能够记住他们的姓名和单位,使客人有一种被尊敬的感觉。具体要求有以下几点:

(1) 对住店客人的姓名能很快记住,并在客人下次来酒店办理登记手续时,能很快地叫出其姓名和职务,如张总、王女士等。

(2) 能记住回头客的个性化需求,为客人安排合适的房间。

(3) 能记住客人的兴趣和爱好,并能为客人提供符合饭店规定的各种特设服务。例如,向客人介绍旅游线路、景区景点、风味小吃街、旅游纪念品一条街的位置等。

 典型案例

记住客人的姓名

一位常住的外国客人从饭店外面回来,当他走到服务台时,还没有等他开口,问讯员就主动微笑地把钥匙递上,并轻声称呼他的名字,这位客人很感意外,瞬间产生了一种宾至如归的亲切感。

还有一位客人在服务台服务高峰时进店,服务员问讯小姐突然准确地叫出:"××先生,服务台有您电话。"这位客人又惊又喜,感到自己受到了重视,受到了特殊的待遇,不禁添了一份自豪感。

另外一位外国客人第一次住店,前台接待员从登记卡上看到客人的名字,迅速称呼他以示欢迎,客人先是一惊,而后作客他乡的陌生感顿时消失,非常高兴。简单的问候词汇迅速缩短了彼此间的距离。

此外,一位 VIP 客人随带陪同人员来到前台登记,服务人员通过接机人员的暗示,得悉其身份,马上称呼客人的名字,并递上打印好的登记卡请他签字,使客人感到自己的地位不同、受到超凡的尊重而感到格外的开心。

案例评析:

学者马斯洛的需求层次理论认为,人们最高的需求是得到社会的尊重。自己的名字为他人所知晓就是对这种需求的一种很好的满足。

在饭店及其他服务性行业的工作中,主动热情地称呼客人的名字是一种服务的艺术,也是一种艺术的服务。通过饭店服务台人员尽力记住客人的房号、姓名和特征,借助敏锐的观察力和良好的记忆力,提供细心周到的服务,会使客人留下深刻的印象,也会让客人口碑相传,等于为饭店进行了免费宣传。

目前国内某著名的饭店规定:前台服务员在为客人办理入住登记时至少要称呼客人名字三次;要熟记 VIP 的名字,尽可能多地了解他们的资料,争取在他们来店自报家门之前就称呼他们的名字;同时,还可以熟练使用计算机系统为所有下榻的客人制作和查询历史档案记录;要对客人提供超水准、高档次的优质服务,把每一位客人都看成 VIP,使客人从心眼里感受到饭店的优质服务。

三、应具备的预测能力

预测客人个性化需求,是一名成熟的前厅服务员在接待服务工作中应具备的能力。这不仅需要根据客人的个性化要求进行判断,而且要在工作中对客人的举止、信息等仔细观察、反复思考、认真过滤。这种能力在前厅服务中尤其重要,因此也叫作"超前服务"。其具体要求有以下几点。

(1) 根据客人的眼神和动作,对客人的个性化需求,能做出正确的预测判断,能提前满足客人的需求。

(2) 能在接待客人的瞬间,判断客人的身份、文化层面和个性化需求,并能正确地预测可提供的服务项目,从而为客人提供满意的服务。

四、应具备的推销客房的能力

销售客房商品是前厅部的首要任务。前厅部销售客房的数量和达成的平均房价水平,是衡量其工作绩效的一项重要的标准。前厅服务人员在推销客房时,具体要求有以下几点:

(1) 有向客人委婉推销客房的语言技巧;

(2) 有灵活多变的察言观色能力;

(3) 有亲和力,使客人对您的推销,产生一种信任感。

五、应具备的使用计算机的能力

饭店对前厅服务员使用计算机的能力要求很高,其中记录客人信息、统计客房入住率、核算饭店每天的收入和为离店客人结账等,是最基本的业务能力要求。其具体标准有以下几点。

（1）能在短时间内迅速地订房或结账，使客人尽快住店或离店；

（2）能在短时间内，心算出客人住店期间花费较少的项目；对客人消费项目中，花费比较大的款项，能利用计算机很快地完成结算；

（3）能利用计算机的各种功能，快速地查询出住店客人各方面的信息；

（4）有编制、记录酒店各部门信息表格的能力。

模块二
对客服务

模块简释

此模块是前厅服务的重要内容,通过与客人全方位的接触,提供客人抵店前、抵店时、住店期间、离店时、离店后五个阶段的对客服务。通过本模块的学习,学生可以掌握对客服务的操作要领,能够熟练地为客人提供前厅服务。

学习目标

知识目标

(1) 了解酒店预订的渠道、方式和种类;

(2) 掌握客房预订的基本流程、操作方法及应对技巧;

(3) 熟悉前厅礼宾部店门迎接服务、入住行李服务的内容和任务;

(4) 掌握入住登记接待的基本流程、操作方法及应对技巧;

(5) 熟悉前台问讯服务、电话总机服务、商务中心和委托代办的服务范围和工作流程;

(6) 掌握处理宾客投诉的方法及应对技巧;

(7) 熟悉前台礼宾部酒店代表、门童、行李员提供的离店服务范围和工作流程;

(8) 熟悉收银处为客人办理结账离店的程序及应对技巧;

(9) 了解建立客史档案的内容、用途和意义;

(10) 熟悉客史档案建立的原则、方式、整理方法等。

技能目标

(1) 熟悉客房预订的操作程序及规范;

(2) 掌握超额订房管理;

（3）熟练地为客人办理入住登记手续；

（4）熟练地为客人提供迎接、行李服务，针对特殊客人，如 VIP 客人提供有针对性的个性化服务；

（5）熟练地回答客人的各种问询，能够娴熟地处理电话留言、查询，提供邮件服务和商务代办服务；

（6）理解"金钥匙"的服务理念和素质要求；

（7）熟练地为客人提供离店行李服务，能够为客人办理快速结账服务及外币兑换服务；

（8）能够针对客人不同的结算方式提供收银服务；

（9）树立客史档案的全员收集整理理念，提供细致耐心的服务。

素质目标

（1）妥善、灵活地处理客人抵店前、抵店时、住店期间、离店时、离店后遇到的常见问题；

（2）正确理解"客人永远是对的"服务理念，灵活处理宾客关系，提高沟通和交际能力；

（3）通过客史档案的建立和完善，建立科学的宾客沟通机制。

学习情境 1　宾客抵店前对客服务

任务 1-1　客房预订服务

预订（Reservation），是指在客人抵店前对酒店客房的预先订约。预订员受理订房的准确率及效率将直接影响预订宾客的满意程度；同时，预订员对未来一段时间订房的准确控制和预测，也将直接影响酒店的营业收入和对客服务的质量。特别是随着酒店业竞争的加剧，为了稳定客源，酒店必须积极开展客房预订业务，争取更多客源。现代酒店有无预订系统，预订系统运转状况如何，关系酒店经营的成功与否。

一、酒店为什么要开展预订业务

（1）从客人方面讲，能够满足其住宿需求；

（2）从酒店方面讲，统筹安排，提高客房出租率，分析研究客源市场动态，及时调整经营对策；

（3）预订是客人在入住前与酒店达成的租住协议，预订服务过程是酒店与未来、潜在客人接触和交易的过程,它是前厅服务中很重要的一项业务。

二、客人订房的渠道

1. 客房预订的直接渠道

客房预订的直接渠道是客人不经过任何中间环节直接向饭店订房。客人通过直接渠道订房,饭店所耗成本相对较低,且能对订房过程进行直接有效的控制与管理。

直接渠道的订房大致有下列几类:

(1) 客人本人或委托他人或委托接待单位直接向饭店预订客房;

(2) 旅游团体或会议的组织者直接向饭店预订所需的客房;

(3) 旅游中间商如旅游批发商作为饭店的直接客户向饭店批量预订客房。

2. 客房预订的间接渠道

饭店总是希望将自己的产品和服务直接销售给消费者,但是,由于人力、资金、时间等的限制,往往无法进行规模化的、有效的销售活动。因而,饭店往往利用中间商与客源市场的联系及其影响力,利用其专业特长、经营规模等方面的优势,通过间接销售渠道,将饭店的产品和服务更广泛、更顺畅、更快速地销售给客人。

间接渠道的订房大致有下列几类:①通过旅行社订房;②通过航空公司及其他交通运输公司订房;③通过专门的饭店订房代理商订房;④通过会议及展览组织机构订房。

目前,不论是单体饭店,还是连锁饭店或饭店联号,网络、航空运输部门所带来的客房预订数量在饭店客源中都占较大比重。如全球分销系统(Global Distribution System)和中心预订系统(Central Reservation System),将全球各主要航空公司、旅行代理商及连锁饭店、饭店联号的资源进行统一整合和调配,网络各成员定期交纳一定数量的年费(Annual Fee)或按预订数量向网络支付佣金(Commission),以获得资源共享。

三、客房预订的方式

1. 电话(Telephone)订房

电话订房是指客人通过电话向饭店订房。这种方式应用广泛,特别是当提前预订的时间较短时,这种方式最为有效。其优点是直接、迅速、清楚地传递双方信息,饭店可当场回复客人的订房要求。

2. 面谈(Verbal)订房

面谈订房是客户亲自到饭店,与订房员面对面地洽谈订房事宜。这种订房方式能使服务人员有机会详尽地了解客人的需求,并当面解答客人提出的问题,有利于推销饭店产品。

3. 信函(Letter)订房

信函订房是客人或其委托人在离预期抵店日期尚有较多时间的情况下采取的一种古老而正式的预订方式。此方式较正规,如同一份合约,对宾客和饭店起到一定的约束作用。

4. 传真(Fax)订房

传真是一种现代通信技术,目前正广泛地得到使用。其特点是:操作方便,传递迅速,即发即收,内容详尽,并可传递发送者的真迹,如签名、印鉴等,还可传递图表,因此传真已成为订房联系的最常用的通信手段。

5. 国际互联网(Internet)订房

随着现代电子信息技术的迅猛发展,通过国际互联网向饭店订房的方式正迅速兴起,已成为饭店业21世纪发展趋势的重要组成部分。

(1)通过饭店连锁集团公司的订房系统(CRS)向其所属的饭店订房。随着我国饭店业连锁化、集团化进程的加快,不少饭店纷纷加入了国际或国内饭店集团的连锁经营。大型的饭店连锁集团公司都拥有中央预订系统,即CRS(Central Reservation System)。随着互联网的推广使用,越来越多的宾客开始采用这种方便、快捷、先进而又廉价的方式进行客房预订。饭店也越来越注重其网站主页的设计,以增强吸引力。

例如,巴斯集团的"HOLIDEX2000"预订系统每晚要出租40多万间客房,每年要接到2000多万个预订电话,这个预订系统使假日饭店、假日运通饭店、假日花园饭店、假日度假饭店、假日选择饭店、假日套房饭店和克朗尼广场饭店集团受益颇丰。

再如洲际饭店的"GlobalⅡ"预订系统为在世界各地55个国家的150个连锁饭店提供客房预订服务,约占了这些饭店预订业务的30%~80%。"GlobalⅡ"预订系统与38万个旅行社进行了联网。国际旅游集团的"Reservahost"预订系统每天为98个饭店提供200个预订服务,其中包括主人饭店、红地毯饭店、苏格兰饭店、护照饭店以及市民饭店。根据饭店的所处位置,通过中心预订系统,饭店的最高出租率可以达到85%。

近年来,原先主要采用电话订房方式的饭店预订系统都实现了在国际互联网上的在线预订,信息全、选择面宽、成本低、效率高、直面客户、房价一般低于门市价等特点使其越来越受到客户及饭店的青睐。

(2)通过饭店自设的网址,直接向饭店订房。一些大型饭店已自设网站,实行全方位的在线订房。虽然这一做法较传统的做法经济、迅速,但对大多数中、小型饭店来说一时还难以承受,因此尚未得到广泛的普及和应用。

6. 合同(Contract)订房

饭店与旅行社或商务公司之间通过签订订房合同,达到长期出租客房的目的。

知识链接

订房合同（参考样式）

　　　年　　月　　日，由　　　　　饭店（以下简称甲方），与　　　　　　（以下简称乙方）经友好协商，达成如下协议。

　　一、推销

　　1. 乙方同意利用其销售网络推销甲方，并向来到本市的所有客户和即将成为乙方客户的人士推荐甲方的服务设施。

　　2. 乙方保证在任何可能的情况下，在本市接待旅客时，将选择甲方作为其客人的下榻处。特别是以下项目：

　　（1）系列团队；

　　（2）旅游团队。

　　3. 乙方同意把甲方编入其宣传项目及宣传册之中，并在合适之处采用甲方的彩色照片。这些宣传品及小册子一经出版应立即送甲方一些样本。

　　二、价格

　　考虑到乙方可能提供的客源量，甲方同意按下列条件和价格（不含佣金）接待乙方的客源。

　　团队预订——单人间/双人间（10人及10人以上）：

- 淡季（12月，1月，2月，3月）＝_____元人民币
- 平季（4月，6月，7月，8月）＝_____元人民币
- 旺季（5月，9月，10月，11月）＝_____元人民币

　　散客预订——单人间/双人间（10人以下）：

- 淡季（12月，1月，2月，3月）＝_____元人民币
- 平季（4月，6月，7月，8月）＝_____元人民币
- 旺季（5月，9月，10月，11月）＝_____元人民币
- 所有套间一律享受_____%的优惠；所有客用房加床为_____元人民币，陪同床为_____元人民币

　　注：所有价格不含任何早餐及城市建设费。

　　三、餐费

中式早餐＝_____元人民币

美式早餐＝_____元人民币

午餐套餐（西餐）＝_____元人民币

晚餐套餐（西餐）＝_____元人民币

注：餐费不含酒水。

四、价格保护

在任何情况下,乙方不得以比柜台价更高的价格将甲方的客房出让给第三者,当甲方柜台价随季节改变时,甲方应通知乙方。

五、预订

团队入住前,乙方应在甲方销售部办理团队预订手续。甲方将根据订房情况和接待能力于接到预订通知的 3 天内,决定是否接受此预订并以书面形式通知乙方。未经甲方接受并确认的预订,甲方概不负任何责任。

六、客房占用期限

按预订经确认的客房在入住日下午 14：00 之后方可入住。离店时间为正午12：00。

七、客房分配单

乙方同意在客人到达前 30 天向甲方提供将入住甲方团队的所有成员名单及住房分配方案,包括航班消息、用房标准。如果乙方未能按上述要求及时提供这些信息(除非另有协议),甲方有权取消已预订的客房及设施并转售给其他客户。

八、免费房

甲方同意为每 16 位付费客人提供半个双人间免费房,但每团的免费房不超过4 个双人间。

九、取消预订

乙方如果需要取消或减少预订房,应按下列条件书面通知甲方。

房间数	最少要求期限
10 间以下	到客前 10 天
10～25 间	到客前 15 天
26～50 间	到客前 20 天
51 间以上	到客前 30 天

在最少要求期限之后,如果团队要求取消或减少 10% 以上的预订房间数,甲方将收取每间取消房一天的房租作为乙方未及时取消预订的费用。

十、确认未到预订

如果整个团队在入住日未到,乙方应支付甲方当日所损失的房费,同时支付整个实际居住期应付的房费。

十一、押金/付款

乙方同意在做系列团预订时付给甲方押金_____元人民币。如果乙方未能履约,甲方可以从押金中抽取全部或部分作为甲方应得的押金。如果乙方完成合约,全部押金(不包括利息)将如数退还乙方或作为乙方应付甲方费用的一部分。

除了上述押金外,乙方承诺在团队离店后 30 天内支付团队下榻在甲方期间所产生的一切费用。否则甲方有权利向乙方收取其超出天数的相应租息,利率按中国人民银行公布的同期活期存款利率计算。

十二、保密

此文件中的全部内容为绝密性的,不管是出于何种原因或目的,乙方都不能透露给第三者。乙方应对此表示理解并遵照执行。

十三、合同期限

本合同条款期限为从　　年　月　日开始至　　年　月　日截止。合同一式两份,由乙方签字后在　　年　月　日之前交给甲方,由甲方监督执行。

十四、违约责任

双方在执行合同过程中有违约行为时,本着友好协商的办法处理。确实不能达成一致意见的,双方同意由当地仲裁机构仲裁或交当地法院裁判。

甲方代表同意接受　　　　　　　　乙方代表同意接受

授权签名:　　　　　　　　　　　授权签名:

姓名:　　　　　　　　　　　　　姓名:

职务:　　　　　　　　　　　　　职务:

四、客房预订的种类

饭店在接受和处理客人预订时,根据不同情况,一般将预订分为两大类型。

（一）非保证类预订（Non-Guaranteed Reservation）

非保证类预订通常有以下3种具体方式。

1. 临时类预订（Advanced Reservation）

临时性预订是客房预订种类中比较常见、简单的一种预订。临时类预订指客人的订房日期或时间与抵达的日期或时间很接近,饭店一般没有足够的时间给客人以书面或口头确认。当天的临时类订房通常由总台处理。临时类预订的客人如在当天的"取消预订时限"（通常为18:00）还未到达饭店,则该预订即被取消。

2. 确认类预订（Confirmed Reservation）

确认类预订指客人的订房要求已被饭店接受,而且饭店以口头或书面形式予以确认。一般不要求客人预付预订金,但规定客人必须在预订入住的时限内到达饭店,否则作为自动放弃预订。

确认预订的方式有两种:一种为口头确认,另一种为书面确认。通常使用书面确认,如邮寄、传真回复确认书等。口头确认一般只用于客人订房时间与抵店时间很接近时。

书面确认与口头确认相比有如下优点。

（1）能复述客人的订房要求，使客人了解饭店是否已正确理解并接受了他的订房要求，使客人放心。

（2）能申明饭店对客人承担的义务及变更预订、取消预订以及其他有关方面的规定，以书面形式确立饭店和客人的关系。

（3）能验证客人所提供的个人情况，如姓名、地址等。所以持预订确认书的客人比未经预订、直接抵店的客人在信用上更可靠，大多数饭店允许其在住店期间享受短期或一定数额的赊账服务待遇。

无论是口头确认还是书面确认，都必须向客人明确申明饭店规定的抵店时限。

 典型案例

预订房出售了

小周是杭州某酒店的前厅接待员。2012年国庆节期间，杭州几乎所有酒店客房都已爆满，而且房价飙升。10月1日22:30左右，小周在工作繁忙之时接到一位潘先生预订客房的电话。潘先生是该酒店某协议单位的老总，也是常住客，所以小周格外小心。当时还剩下一间标准间，刚好留给潘先生，并与他约好抵店时间是当晚23:00。在这半小时期间，有许多电话或客人亲自到酒店来问是否还有客房，小周都一一婉言谢绝了。但一直等到23:40，潘总仍未抵店。小周心想：也许潘先生不会来了，因为经常有客人订了房间后不来住，如果再推迟，24:00以后就很难有客人入住了。出于为酒店利益考虑，23:45，小周将该标准间卖给了一位正急需客房的熟客。24:00左右潘总出现在总台，并说因车子抛锚、手机无电故未事先来电说明。一听说自己预订的房间已卖掉，潘先生顿时恼羞成怒，立即要求酒店赔偿损失，并声称将取消协议，以后不再安排客人来住。

案例思考：

小周左右为难。如果你是小周，该怎么办呢？

3. 等候类预订（On-Wait Reservation）

饭店在客房订满的情况下，因考虑预订存在一定的"水分"，如取消、变更等，有时仍按一定数量给予客人以等候订房。对这类订房的客人，饭店不发给确认书，只是通知客人：在其他客人取消预订或提前离店等情况下，对其可予以优先安排。

（二）保证类预订（Guaranteed Reservation）

保证类预订是指客人保证前来住宿，否则将承担经济责任，因而饭店在任何情况下都应保证落实的预订。保证类预订又有以下三种类型。

1. 预付款担保

预付款担保是指客人通过交纳预付款而获得饭店的订房保证。饭店应该事先向客人说明取消预订、退还预付款的政策及规定，并保证按客人的要求预留符合规定的房间。从饭店的角度来讲，收取预付金是最理想的保证性预订方式。假如客人预订住房时间在一天以上，并且预付了一天以上的房租，但届时未取消预订又不来入住，那么，饭店只应收取一天的房租，把余款退还给客人，同时，取消后几天的订房。

饭店为加强预付金的管理，要提前向客人发出支付预付金的确认书，说明饭店收取预付金及取消预订等的相关政策。

2. 信用卡担保

客人在订房时向饭店声明，将使用信用卡为所预订的房间付款，并把信用卡的种类、号码、失效期及持卡人的姓名告诉饭店。如客人在预订日期未抵达饭店，饭店可以通过信用卡公司获得房费收入的补偿。

3. 合同担保

订立商业合同是指饭店与有关客户单位签订的订房合同。合同内容主要包括签约单位的地址、账号以及同意对因失约而未使用的订房承担付款责任的说明，合同还应规定通知取消预订的最后期限，如签约单位未能在规定的期限通知取消预订，饭店可以向对方收取房费等。

保证类预订既保证了满足宾客对住房的需求，维护了客人的利益，又维护了饭店的利益。因此，它对饭店和客人双方都是有利的。但需要让客人理解的是，由于饭店为他们保留的房间无法再出租给其他人，所以即使他们未使用，也需要支付相关的费用。

知识链接

"奥运客房"违约房客获赔 8 000 元

区女士提前半年交 100 元预订"鸟巢"附近一家宾馆客房，预备来北京观看奥运比赛，结果却被宾馆拒之门外。经过半年诉讼，区女士日前从市一中院的终审判决中，获得了宾馆方的 8 000 元赔偿。

2008 年 2 月 6 日，区女士受朋友委托，在中农研公司所属三星级宾馆预订了一间标准客房。当时双方约定每天房费按 298 元结算，入住日期为 2008 年 8 月 16 日至 8 月 24 日。区女士支付了 100 元订房押金，中农研公司向区女士出具了客房预订单。当区女士按照约定带着房款来办理入住手续时，宾馆工作人员却告诉她，客房已全部包出去了，无法继续履行合同。区女士向法院提起诉讼，索赔经济损失。

案件审理中，中农研公司承认区女士确实预订了客房，但是有旅行社要在奥运期间包全部客房1个月,公司不能因为区女士一人就放弃全体包房的大订单。中农研公司表示愿意双倍返还押金200元,但不赔偿经济损失。

法院认为,诚实、信用是当事人参与各项社会活动应当遵循的重要原则之一。本案中,中农研公司的行为不仅有损自身商业信誉,更是对诚实、信用原则的极大破坏。中农研公司不仅应为其违约行为做出赔偿,还需承受商业道德上的谴责。

五、客房预订的程序

客房预订业务是一项技术性较强的工作,如果做得不好,就会影响饭店对客服务的质量和整个饭店的信誉。因此,为了确保预订工作高效有序地完成,饭店必须建立科学的工作程序。客房预订的程序可以分为以下几个阶段。

(一)工前准备

在预订前做好准备工作,才能给订房客人一个迅速而准确的答复,提高预订工作水准和效率。

1. 检查仪表仪容

按饭店规定着装,服装熨烫平整、洁净无污渍,纽扣齐全,鞋袜洁净。左胸佩戴服务牌端正,面容清洁,发型美观大方。不戴戒指、项链、手镯、耳环等饰物(结婚戒指除外)。身上及口腔无异味,手部清洁,不留长指甲,不涂有色指甲油。亲切地微笑,表情自然,举止得体、优雅。

前厅服务员一般穿黑色皮鞋,男员工的袜子一般为黑色,女员工的袜子应与肤色相近,袜口不外露;上岗前不吃葱、蒜、韭菜等有异味的食品。

2. 做好交接班

接班时查看上一个班次的预订情况,问清情况,掌握需要处理的、优先等待的、列为后备的、未收定金的等不准确的预订名单及其他事宜。

3. 整理环境

按岗位职责、卫生制度及卫生责任区的划分进行整理、清扫,并达到饭店和有关部门的卫生标准。保持总台台面、信用卡压卡机、验钞机、保管箱、宣传架、客房状况显示架等办公用品表面无尘。检查、调试及使用计算机,并确保其完好。计算机运行时不要挪动,不要击打机壳。

4. 备好报表、表格、收据

按岗位工作任务及班次的区分,将所需要的各种报表、表格、收据等分门别类,整齐有序地摆放在规定的位置。客户预订单和团队预订单如表2-1和表2-2所示。

表 2-1 客房预订单 RESERVATION FORM

□新预订 New Booking　　　　□变更 Amendment　　　　　　□取消 Cancellation

宾客姓名 GST'S Name：_____

公司名称 Company：_____

电话号码 TEL：_____　传真号码 FAX：_____

到达日期 Arrival Date	离开日期 Departure Date	房间类型/RM Type	间数 No. of RM	房价/Price
		单人间 Single Room		RMB228
		双人间 Double Room		RMB228
		标准间 Standard Room		RMB328
		商务单人间 Business Single Room		RMB558
		豪华套房 Deluxe Suite		RMB1055

航班号 Flight No.

□客人现付 GST Cash	□信用证 Credit Card	□第三者支付 Others

支付者及支付方式 Payer & Payment

特殊要求 Special	单早 SB	双早 DB	鲜花 BX	水果 FR	接机 TR	佣金 CM
□ 贵宾 VIP						

订房方式(Way of RSV)　　□TEL　　　　　□FAX　　　　　□DESK　　　　□E-MAIL

备注：

Remarks：

订房人 Reserved By：_____　联系方式 Contact Way：_____

受理人 Received By：_____　日期 Date：_____

表 2-2 团队预订单 GROUP BOOKING FORM

□New Booking/Tentative 新预订/暂订　□Amendments 更改　□Confirmation 确认

□Cancellation 取消　　　　　Name of group 团队名称

Arrival date 抵达日期	Departure date 离店日期	Single 单人间		Twin 双人间		Guide room 陪同房		Suite 套间	
		No. of rooms 房数	Rate 房价	No. of rooms 房数	Rate 房价	No. of rooms 房数	Rate 房价	No. of rooms 房数	Rate 房价

续表

Arrival date 抵达日期	Departure date 离店日期	Single 单人间		Twin 双人间		Guide room 陪同房		Suite 套间	
		No. of rooms 房数	Rate 房价	No. of rooms 房数	Rate 房价	No. of rooms 房数	Rate 房价	No. of rooms 房数	Rate 房价

Complimentary rooms 免费房

Deposit 押金

□Room rate subject to 15% surcharge　房价不含 15% 的服务费

□Room rate inclusive of to 15% surcharge　房价含 15% 的服务费

□Commissionable 10%　回扣 10%　　　　□ Non-commissionable 无回扣

Meal rate request to 用餐要求	DATE 日期				
	TIME 时间				
Oriental 中式早餐 Continental 欧陆式早餐 American 美式早餐	Outlet 地点				
	Rate 价格				
	PAX 人数				

□Meal rates subject to 15% surcharge　用餐不含 15% 的服务费

□Meal rate inclusive of to 15% surcharge　用餐含 15% 的服务费

Charge to 付款人

Remarks 备注

Sales person 销售人员　　　　　　　　　　　　Date 日期

知识链接

预订单的内容

（1）客人个人信息（guest's personal data）：姓名（name）、单位（work unit）、国籍（nationality）、地址（address）、传真（fax）、电话号码（telephone number）等。

（2）客人的预订要求（guest's request for rooms）。

① 房间类型（room type）

② 房间数量（No. of rooms）

③ 房间价格（room rate）

④ 客人人数(No. of guests)

⑤ 客人入店和离店日期(check-in date & check-out date)

⑥ 客人预抵店和离店具体时刻(EAT & EDT)

⑦ 乘坐的航班号(flight No.)

⑧ 是否有特殊要求(special requirements)

（3）付款方式(rate payment)。

（4）预订人信息(contact person)。

（5）经办者(hotel staff)。

（6）备注(remarks)。

5. 掌握房价

（1）标准价(Rack Rate)：由饭店管理部门依据经营成本、盈利需要、竞争等因素制定的各种类型客房的基本价格，在饭店价目表上明码标注，未含任何服务费或折扣等因素。

（2）团队价(Group Rate)：针对旅行社、航空公司等团体住店客人提供的折扣价格。

（3）小包价(Package Plan Rate)：小包价是饭店为客人提供的一揽子报价，其中包括房费及其他服务项目的费用。

（4）折扣价(Discount Rate)：对于常客、长住客及有特殊身份的客人，饭店通常为之提供的优惠房价。

（5）商务合同价(Commercial Rate)：饭店与有关公司或机构签订合同，以优惠价格出租客房，以求双方能够长期合作。

（6）免费(Complimentary)：饭店由于种种原因，有时需要对某些特殊身份的客人免收住店房费。但应注意免收房费应该按规定要求，一般只有饭店总经理才有权批准。

（7）白天租用价(Day Use Rate)：客人白天租用房间，饭店一般按半天房费收取，有些饭店也按小时收取。对凌晨抵店的客人、结账超过了规定的时间、入住与离店发生在同一天时，饭店会采用白天租用价。

另有淡季价(Low Season Rate)、旺季价(High Season Rate)、家庭租用价(Family Plan Rate)、加床费(Rate for Extra Bed)等。

> **知识链接**

国际饭店计价方式

按照国际惯例，饭店的计价方式通常可以分为 5 种。

（1）欧式计价(European Plan, EP)：这种计价只计房租，不含餐费，为世界上大多数饭店采用。

（2）美式计价（American Plan，AP）：这种计价方式的特点是客房价格不仅包括房租，还包括一日三餐的费用，多为度假型饭店或团队（会议）客人使用。

（3）修正美式计价（Modified American Plan，MAP）：这种价格包括房租和早餐费用，还包括一顿正餐（午餐、晚餐任选其一），这种计价方式比较适合普通旅游客人。

（4）欧陆式计价（Continental Plan，CP）：此种计价包括房租和欧陆式早餐（Continental Breakfast）。欧陆式早餐比较简单，一般提供冷冻果汁、烤面包（配黄油、果酱）、咖啡或茶。

（5）百慕大式计价（Bermuda Plan，BP）：客房价格中包括房租和美式早餐（American Breakfast）。美式早餐除包括欧陆式早餐的内容外，通常还提供煎（煮）鸡蛋、火腿、香肠、咸肉、牛奶、水果等。

6. 熟悉房型

（1）单人间（Single Room）：放一张床的客房，又叫单人房，适合于从事商务旅游的单身客人使用。它是饭店中最小的客房。

（2）双人间（大床间，Double Room）：在房内配一张双人床（加大的双人床），适用于夫妻客人居住。单身客人也会选择这类客房。

（3）标准间（双床间，Twin Room）：房内放两张单人床，可供两个客人入住，同样也可供一人居住，带有卫生间。一般旅游团队、会议客人是这类客房的主要入住对象。

（4）三人间（Triple Room）：指可供 3 位客人同时住宿的房间。房内放置 3 张单人床，属经济型客房，在高档饭店很少见。

（5）商务间（Business Room）：面积一般比标准间略大，设有标准的办公桌和充足的照明设施，有的还带传真、计算机接口专线等。

（6）双套间（Standard Suite）：设有客厅及卧室的 2 间相通的客房，卧室中放一张大床或 2 张单人床，配有卫生间，客厅也设有盥洗室，一般供访客使用。

（7）多套间：由 3～5 间或更多客房组成，有 2 个卧室，各自带卫生间以及会客室、餐厅、书房及厨房等，房内设有大号双人床。

（8）立体套间（Duplex suite）：也称双层套间，客厅在下，卧室在上，两者用小楼道连接。

（9）豪华套间（Deluxe Suite）：可以是双套间，也可以是三套间，分为卧室、起居室、会议室或餐室（亦可兼作），卧室配有大号双人床或特大号双人床。

（10）总统套间（Presidential Suite）：简称总统房，面积比豪华套间更大，设有两间主人卧室及豪华浴室，还有客厅、餐厅、厨房、书房、侍从房等。它在饭店内独一无二。

7. 熟悉房态

房态显示是指把饭店每一间客房的类别、所处的形态随时、准确、全面地显示出来。有效的客房销售和分配取决于准确、及时的房态信息。正确显示房态,有助于搞好饭店的客房销售,提高客房的利用率,增加客房收益,提高前厅接待服务质量。

（1）住客房（OCC）：客人正在住用的房间。

（2）空房（V）：昨日暂时无人租用的客房。

（3）未清扫空房（VD）：该客房为未经过打扫的客房。

（4）已清扫空房（VC）OK房：该客房清扫完毕,可以重新出租。

（5）走客房（C/O）：客人已结账并已离开客房。

（6）维修房（OOO）：该客房因设施设备发生故障,暂不能租用。

（7）保留房（Blocked Room）：内部掌控的客房。

（8）外宿房（S/O）：该客房已被租用,但住客昨夜未归。

（9）轻便行李房（L/B）：该客房的住客行李很少。

（10）无行李房（N/B）：该房间的住客无行李。

（11）请勿打扰房（DND）：该客房的客人因睡眠或其他原因不愿服务人员打扰。

（12）双锁房（Double Locked）：双锁客房的原因很多。

（13）加床（E）：表示该客房有加床。

（二）通信联系

宾客往往用电话、传真、面谈、互联网、信函等方式向酒店前厅部预订处提出预订。预订员应主动向客人询问,以获悉客人的住宿要求,根据客人预期抵达日期、所需客房种类、所需客房数量、所住天数等因素,向客人作产品介绍和推销,注意掌握客人心理,采取适当的报价方式。

（三）受理预订

决定是否受理一项订房要求,需要考虑四个方面的因素：①预期抵店日期；②所需客房类型；③所需客房数量；④逗留天数。掌握了这些信息,预订员就可以判断客人的订房请求与饭店可供客房状况是否吻合,从而决定是否接受客人的预订申请。

根据宾客选择的预订方式,受理预订分为电话受理、传真（书面）受理、互联网受理、当面（散客）受理、团队受理。

1. 电话受理

客人通过电话向饭店订房,这种方式应用最为广泛。特别是提前预订的时间较短时,这种方式最为有效。这种方式的优点是直接、迅速、清楚地传递双方信息,饭店可当场回复客人的订房要求。由于受电话的清晰度以及受话人听力水平等因素影响,电话预订容易出错,故应事先健全受理电话预订的程序及其相关标准(见表2-3),以确保预订的有效性。

表2-3　受理电话预订的程序与标准

程　序	标　准
1. 接听电话	铃响三声或十秒钟以内
2. 问候客人	问候语:早上好,中午好,晚上好 报部门:预订部
3. 聆听客人预订要求	询问客人姓名(中英文及拼写)、预订日期、预订房数、房型、有无特殊要求(如是否需要接机服务等) 边听边在预订单上做相关记录 查看计算机及客房预订显示架
4. 推销客房	介绍房间种类和房价,从高价房到低价房 询问客人公司的名称 查询计算机,确认是否属于合同单位,便于确定优惠价
5. 询问付款方式	询问客人的付款方式,在预订单上注明 公司或者旅行社承担费用者,要求在客人抵达前电传书面信函做付款担保
6. 询问客人抵达情况	询问抵达航班及时间 向客人说明,无明确抵达时间和航班,饭店将保留房间到入住当天的18:00 如果客人预订的抵达时间超过18:00,要求客人告知信用卡号码做担保预订
7. 复述预订内容	日期、航班 房间种类、房价 客人姓名 特殊要求 付款方式 代理人情况
8. 完成预订	致谢,确定客人挂了电话后,预订员才能挂电话 将客人预订单存档

服务必杀技

(1) 与客人通话时要注意使用礼貌用语,语音、语调要婉转,口齿要清晰,语言要简明扼要。订房员必须清楚,预订服务虽然不与客人进行面对面交流,却是客人接触饭店的第一个人。要给客人留下好印象,就要通过声音给客人送上热情的服务。

(2) 准确掌握客房预订状况,预订单、航班表等用品和资料要放置在便于取用或查找的地方,以保证预订服务工作的快速和敏捷。

（3）立即给客人以明确的答复，不可让客人久等。若对客人所提预订要求不能及时答复，应请对方留下电话号码，并确定再次通话的时间；若因客满需婉拒订房时，应征询客人是否可以列入等候名单。

（4）通话结束前，应重复客人的订房要求，并向客人声明饭店对取消预订的规定，以免出错。

（5）受理外宾预订时，应请对方拼写姓名，复述时亦如此，以确保预订的准确性。

（6）预订单的填写应字迹清楚，项目完整。

（7）预订资料应存放有序，干净整洁。

情景模拟对话

散客电话预订客房

预订员：（接听电话）您好！国贸大饭店预订部。

客人：你好！我想订一间客房。

预订员：好的，先生。请问您要订什么时间的客房？订几间？几个人住？住几天？

客人：5月3日，住两晚，两个人，订一间。（实际练习时应该一问一答）

预订员：先生，您是5月3日抵店，5日离店，住两晚，对吗？

客人：是的。

预订员：好的，请您稍等。（查看计算机）先生，我们这里有豪华套房，房间宽大舒适，设施设备先进，入住后可享用免费早餐，每晚980元；有标准套房，每晚680元，同样可以享受免费早餐；还有标准间，每晚480元。每种房间都配有Internet插口。不知先生您需要哪种类型的客房？

客人：哦，订个标准间就可以了。

预订员：好的，先生。请问您的全名，好吗？

客人：我姓张，叫张军。

预订员：张军先生，您好！（重新认识客人，表示对客人姓名的尊重）您是弓长张，军队的军，对吗？

客人：是的。

预订员：请问您将以什么方式结账呢？现金，还是信用卡？

客人：现金。

预订员：张先生，请问您需要保证您的订房吗？对于普通订房我们只保留到抵店日当天18：00。您可以先用信用卡担保，到时候再用现金结账就可以了。

客人：不用了。我下午4点就到了。

预订员：张先生，请问您是坐火车还是乘飞机来？我们饭店有免费的穿梭巴士和机场专车接送客人。

客人：我乘飞机从上海来。

预订员：请问您的航班？

客人：×××次。

预订员：好的，张先生。请问您的电话和传真？我们好及时与您取得联系。

客人：电话 12569898，区号 021，传真 12568998。

预订员：谢谢您，张先生！请允许我向您核对以下内容：您订的是标准间，住两晚，每晚 480 元；5 月 3 日抵店，5 日离店，现金结账；从上海乘×××次航班前来；您的联系电话是 12569898，传真是 12568998，区号 021，对吗？

客人：没问题。

预订员：谢谢您，张先生，如果您在抵店前有什么变更，请及时通知我们，好吗？

客人：好的。

预订员：感谢您的订房，我们期待着您的光临。

客人：不用谢。再见！

 典型案例

是王先生还是黄先生

9 月 25 日，王先生打电话到某饭店订房处，说："我是你们饭店的一名常客，我姓王，想预订 10 月 1 日至 10 月 4 日的标准间 3 天。"预订员小李查阅了该期间的预订情况，表示饭店将给他预留 3210 房间至 10 月 1 日下午 18：00。

10 月 1 日下午 13：00，王先生来到前厅，看到公告牌上显示饭店标准间客满，还是不慌不忙地出示证件，要求办理入住手续，并说明自己办理了预订。接待员小何查阅了预订后抱歉地说："对不起，王先生，你没有预订啊？""怎么可能，我明明在 9 月 25 日预订了 3210 房间。""对不起，我已经查阅了，3210 房间已经出租，入住的是一位黄先生，请您再回想一下，好吗？""不可能，我预订好的房间，你们也答应了，为什么不讲信誉？"

接待员小何一听，赶紧又仔细核查预订记录。后来发现，原来预订员小李一时粗心，把"王"与"黄"输入错误。而在王先生到来之前正好有一位黄先生入住，小何认为就是预订人，就把黄先生安排入住了 3210 房间。于是小何抱歉地说："王先生，实在抱歉，本饭店标准间已经客满，请您和您的朋友入住 4230 号豪华间，8 折优惠，虽价格高些，但还是物有所值。"王先生不同意，并且很生气，认为饭店有意欺骗他，立即向大堂副理投诉。

案例评析：

案例说明前厅客房预订从受理、记录、变更、确认，到资料储存及预测过程，都必须保证准确无误,任何一个环节出现失误,都将影响对客人的接待服务,进而影响酒店的服务质量和饭店形象。

上述案例告诉我们,在受理客人预订时一定要认真听清楚客人的预订信息,做到准备、高效和快捷。

实训练习

两名同学为一组进行角色扮演,一人扮演饭店前厅预订处工作人员,一人扮演客人,完成一次电话预订的受理,然后角色互换。

要求:

(1) 流程正确,信息完整、准确;

(2) 预订资料齐全,存档准确无误;

(3) 对客服务过程符合饭店对客服务礼貌礼节要求。

2. 传真(书面)受理

电传/传真预订客房方便、快捷、准确、正规,目前已成为客人与饭店进行预订联系最常用的通信手段之一,该方式即发即收,内容详尽,并可传递客人的真迹,加签名、印鉴等,还可以传递图表,其作为预订原始资料保存下来之后不容易出现预订纠纷。传真(书面)受理的程序如下。

(1) 收办电传/传真,包括:①在电传/传真收发簿上登记;②将收到的备份电传复印件留底,并进行分类。

(2) 核查判断,包括:查看可行性表,确定当日订房状况;确定是否受理预订。

(3) 主管签字确认。

(4) 回发电传/传真,即按机器操作程序发送电传/传真。

(5) 存档记录,即将所有的资料输入计算机,记录预订编号,以备查。

3. 互联网受理

互联网订房是目前比较先进的订房方式,方便客人订房,还能够极大地提高预订工作效率。随着计算机使用者越来越多,许多客人开始采用这种方便、快捷、先进、廉价的方式进行客房预订。互联网订房受理的程序如下。

(1) 获悉信息。预订中心通过预订系统获悉各饭店的客房出租情况,注意信息的准确、及时。

(2) 确认判断。确认客人的预订请求;预订系统随即将预订要求与客人预计抵店日期可售房的情况进行对照,并做出是否受理的判断。

(3) 打单邮寄。对于接受的预订,打印出预订确认单,将第一联邮寄给客人;将预订确认单第二联邮寄给客人所订的饭店,饭店根据客人的预订内容为客人保留客房。

特别提示

在开展网络预订工作时,每天定时打开饭店网络系统,搜寻预订信息,详细记录客人预订客房的种类、人数、姓名、性别、到达及离店时间、联系方式等信息,按照客人要求查看是否能够给予满足。如有符合客人要求的房间,则做好相应的记录;如不能满足客人的订房要求,应尽快与客人取得联系,与其沟通协调,积极介绍饭店其他类型的客房。如果预订时间与客人抵店时间相差较远,一般在客人抵店日期前10天,给客人回复确认预订的回函。

4. 当面(散客)受理

面谈订房是客户亲自到饭店,与预订员面对面地洽谈订房事宜。这种订房方式能使订房员有机会详尽地了解客人的需求,并当面解答客人提出的问题,有利于推销饭店产品。

(1)了解需求。主动礼貌地问好、打招呼,注意表情、姿态和语言;询问了解客人的订房需求,查看计算机(预订控制簿、预订架)订房状况。

(2)填写预订单,包括:确认客人的抵店日期和时间;礼貌地告诉客人,若无明确的抵达时间或航班,饭店只将其预订房保留到客人入住当天晚上的 18:00;若饭店一时无法接受客人的预订,可请客人留下电话号码,以便有空房时及时通知客人。

(3)确认预订。接受客人预订要求后,再次证实客人的个人情况;在饭店与客人之间就房价、付款方式、取消房款等问题达成协议,必要时,发给客人"预订确认书"。

(4)告别客人。当预订单填写/输入完毕时应向订房人复述主要内容,并向客人礼貌友好地告别,同时将预订单存档。

5. 团队受理

(1)接受预订。要求与电话及电传/传真预订相同。

(2)明确团情,包括明确团名、团员姓名、国籍、身份、抵离店时间、所用交通工具、房间种类和数量、餐食类别、时间和标准等;明确付款方式、自理项目以及团员中有无其他特殊要求和注意事项。

(3)核查信息:核查饭店优惠卡;核查预订人身份、联系电话、单位名称等。

(4)复述确认:复述、确认有关预订内容;明确预订房间的最后保留时间。

(5)记录存放:填写团队预订单;将有关信息输入计算机,并按日期存放订单。

(四)确认预订

预订员在接到客人的预订要求后,立即将客人的预订要求与饭店未来时期客房的利用情况进行对照,决定是否能够接受客人的预订,如果可以接受,就要对客人的预订加以确认。

确认预订的方式通常有两种,即口头确认(包括电话确认)和书面确认。如果条件允许,饭店一般应采用书面确认的方式,向客人寄发确认函(见表2-4)。

表2-4 预订确认函

_____饭店	客房类型、数量:_____ 房价:_____
地址:_____	预订日期:_____ 抵达日期:_____
电话:_____	抵达时间:_____ 逗留天数:_____
您对:_____	离店日期:_____
	结账方式:_____ 订金:_____
_____	客户地址:_____
的预订已确认	客户姓名:_____ 电话:_____

本饭店愉快地确认了您的订房。由于客人离店后,需要有一定时间整理房间,因此,下午三点以前恐不能安排入住,请谅。另外,未付订金或无担保的订房只保留到下午六时。

预订员:_____

(1)书面确认能使客人了解饭店方面是否已正确理解其订房要求,可以减少差错和失误。

(2)确认函除了复述客人的订房要求以外,还写明了房价、为客人保留客房的时间、预付订金的方法、取消预订的规定及付款方式等,实际上在饭店与客人之间达成了某种书面协议。

(3)确认函可以进一步证实客人的个人情况,如姓名、地址等,从而减少住店客人的各种信用风险。

(4)书面确认比较正式。对于大型团体、重要客人,特别是一些知名人士、政府官员、国际会议等订房的确认函,要由前厅部经理或饭店总经理签发,以示尊重和重视。

特别提示

星级饭店对前厅预订员确认客人预订书的工作,要求规范、细致、具体、到位,具体步骤如下:

(1)在接受了客人的订房要求后,要认真核对预订的内容,要求准确无误,因为它是饭店接受客人订房的书面凭证,是双方之间履行权利和义务的协议书。

(2)认真仔细地给客人签发预订确认书,表示对客人订房的承诺,一定会兑现。

(3)散客订房一般在客人动身前1周或3天内,把预订确认书寄到客人手中,或发到客人邮箱里。

(4)团体订房要提前10天让客人知道,酒店为客人保留了房间。

(5)根据国际订房惯例,不管订房的客人用什么方式订房,只要客人订房与抵店日期之间有充足的时间,酒店都应向客人寄发书面订房确认书。

（五）修改预订

饭店接受并承诺了预订，客人常会因各种原因对原来的预订提出变更要求，甚至可能取消预订。预订员应重视并处理好预订的变更工作。具体标准如下。

（1）如果客人取消订房，应填写取消单（见表 2-5），或将预订单抽出，加盖"取消"图章，注明取消申请人和取消原因及取消日期，并签上预订员姓名，将资料存档。取消预订的处理程序与标准如表 2-6 所示。

表 2-5 当日取消订房表（Cancellation List）

日期（DATE）：

Name 姓名	Dep. Date 离开日期	Room Type 房间类型	Room Rate 房价	Reasons of Cancellation 取消原因
Total 总计	RMS 客房数	PAX 人数		

表 2-6 取消预订的处理程序与标准

程 序	标 准
1. 接到预订信息	询问要求取消预订客人的姓名、到达日期和离店日期
2. 确认取消预订	记录取消预订代理人的姓名及联系电话 提供取消预订号
3. 处理取消预订	感谢预订人将取消要求及时通知饭店 询问客人是否要做下一个阶段的预订 将取消预订的信息输入计算机
4. 存档	查询原始预订单 将取消预订单放置在原始预订单之上，订在一起 按日期将取消单放置在档案夹最后一页

（2）对计算机预订状况进行调整，不可在原始的订房单上涂改。

（3）如果客人要求更改订房，预订员要先查阅有无符合客人更改要求后（如房间数量、类型、时间、价格等）所需要的房间。如果有，要接受客人的更改，满足客人的要求，并将订房资料重新整理。在时间允许的情况下，应重新发一张预订确认书，以示前一份确认书失效。如果无法满足客人变更要求，则可作为候补或优先等待名单处理。变更预订的处理程序与标准如表 2-7 所示。

表 2-7 变更预订的处理程序与标准

程 序	标 准
1. 接到客人更改预订的信息	询问要求,更改预订客人的姓名及原始到达日期和离店日期 询问客人需要更改的日期
2. 确认更改预订	在确认新的日期之前,先要查询客房出租情况 在有空房的情况下,可以为客人确认更改预订,并填写预订更改表 需要记录更改预订的代理人姓名及联系电话
3. 存档	将原始预订单找出 将更改的预订单放在上面钉在一起 按日期、客人姓名存档
4. 未确认预订的处理	如果客人需要更改日期,而饭店客房已订满,应及时向客人解释 告知客人预订暂放在等候名单里 如果饭店有空房时,及时与客人联系
5. 更改预订完成	感谢客人及时通知 感谢客人的理解与支持(未确认时)

(4)若变更或取消的内容涉及一些原有的特殊安排,如接机、订餐、鲜花、水果、房内布置等,应尽快给有关部门发变更或取消通知。

(5)有关团体订房的变更与取消,要按合同处理。一般的合同规定,旅行社要求取消订房起码在原定团队抵达前 10 天通知酒店,否则按合同收取损失费。

(6)尽量简化取消预订的手续,并耐心、高效地受理。客人能花时间通知饭店取消原来的订房,对饭店十分有利。所以,应鼓励取消预订的客人及时与酒店联系,对取消预订的客人要给予同样的热情和耐心。调查表明,90%的取消预订的客人,在后来的旅行中仍会返回该饭店预订。

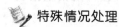 **特殊情况处理**

客人更改预订日期时无房

(1)首先向客人道歉,并简单说明原因,以尽量取得客人的谅解。

(2)向客人询问是否可以改变日期或建议预订其他类型的房间等,若客人不同意,则建议将客人暂时列入预订候补名单。

(3)问清客人联系电话,以便及时与客人取得联系。

(4)取消或更改原来的预订单,及时发送到各相关部门或班组。

(六)记录核对储存

由于客人抵店前可能会发生预订变更、取消等情况变化,为提高预订工作的准

确性,预订员对每一个已确认的预订都要进行多次核对,发现问题及时更正或补救。订房核对工作一般分三次进行,具体操作安排是:

(1) 客人抵店前 1 个月进行第一次核对;

(2) 客人抵店前 1 周进行第二次核对;

(3) 客人抵店前 1 天进行第三次核对。

对于大型团体客人而言,核对的次数和内容要更多、更细致,因为接待团队客人,酒店为此要提前预留相应的客房,在客人离店后,又立即会出现大量客房闲置。因此,酒店必须加强对团体预订的管理工作,尽量减少由此带来的经济损失。

当预订确认书发出后,预订资料必须及时、正确地予以记录和储存,以防疏漏。预订资料一般包括客房预订单、确认书、预付订金收据、预订变更单、预订取消单、客史档案卡及宾客原始预订凭证等。有关同一宾客的预订资料装订在一起,将最新的资料存放在最上面,依此顺推,以利于查阅。预订资料的记录储存可采用下列两种方式。

(1) 按宾客所订抵店日期顺序储存。按照宾客所预订的抵店日期顺序,将预订单归档储存,以便随时掌握未来每天的宾客抵店情况。通常,将预订资料放在一个大的卡片箱或抽屉里。

(2) 按宾客姓氏字母顺序储存。按照宾客姓氏第一个字母的顺序,将预订单归档储存,以便随时查找出宾客的预订资料。同时,前厅部问讯处和电话总机也可通过宾客姓氏字母顺序快捷有效地查找相关资料。

(七) 抵店准备

宾客抵店前的准备工作大致分成下列三个阶段。

(1) 提前一周或数周,将饭店主要客情,如重点宾客(VIP)、大型团队、会议接待、客满等信息通知各部门。其方法可采取分发各类预报表,如"一周客情预测表"(见表 2-8)、"重点宾客(VIP)呈报表"(见表 2-9)、"重点宾客(VIP)接待规格呈报表"(见表 2-10)等,也可召开由运转总经理主持的协调会。

表 2-8　一周客情预测表

日期	星期	预抵散客	团队	离店	团队离店	住宿	团队住宿	故障房	已满房间数	预计出租房数	预计出租单位	预计出租率	预计空房间数	已用房间数	可用房间数

表 2-9　重点宾客(VIP)呈报表　　　　　___月___日

房号	姓名	身份	接待单位	抵店日期	离店日期	客房种类		房　租		备注
						T	S	T	S	
小计										

报送：总经理室、大堂经理、公关销售部、餐饮部、客房部、保安部、前厅部、大厅、总机、客房用膳部

表 2-10　重点宾客(VIP)接待规格呈报表

团队名称 贵宾情况	
情　况 简　介	
审 批 内 容	1. 房费：A. 全免　B. 赠送会客室一间　C. 房费按_____折收取　D. 按_____元收费 2. 用膳：在_____餐厅用餐,标准_____元/人(含/不含饮料) 3. 房内要求：A. 鲜花　B. 小盆景　C. 水果　D. 果盘　E. 葡萄酒及酒杯　F. 欢迎信　G. _____名片　H. 礼卡　I. 饭店宣传册 4. 迎送规格：A. 由_____总经理迎送　B. 由_____部总经理迎送　C. 锣鼓迎送　D. 欢迎队伍 5. 其他
呈报部门	经办人　　　　　　部门经理
总经理批署	

　　(2)宾客抵店前夕,将客情及具体的接待安排以书面形式通知相关部门,做好准备工作。饭店在这方面常使用的表格有："次日抵店宾客一览表"(见表 2-11)、"鲜花水果篮通知单"(见表 2-12)、"特殊要求通知单"等。

表 2-11　次日抵店宾客一览表　　　　___年___月___日

预订号	序号	客人姓名	房间数	房间类别	抵达时间航班	预期离店日期	备注
1							
2							

表 2-12　鲜花、水果篮通知单　　　　＿＿＿＿年＿＿月＿＿日

姓名＿＿＿＿＿＿＿＿＿＿＿＿＿＿＿＿	房号＿＿＿＿＿＿＿＿＿＿＿＿＿
送达日期＿＿＿＿＿＿＿＿＿＿＿＿＿	时间＿＿＿＿＿＿＿＿＿＿＿＿＿
具体要求＿＿＿＿＿＿＿＿＿＿＿＿＿＿＿＿＿＿＿＿＿＿＿＿＿＿＿＿＿＿＿	
付款客人姓名＿＿＿＿＿＿＿＿＿＿＿	序号＿＿＿＿＿＿＿＿＿＿＿＿＿
备注＿＿＿＿＿＿＿＿＿＿＿＿＿＿＿＿＿＿＿＿＿＿＿＿＿＿＿＿＿＿＿＿＿	
＿＿＿＿＿＿＿＿＿＿＿＿＿＿＿＿＿＿＿＿＿＿＿＿＿＿＿＿＿＿＿＿＿＿＿	

（3）宾客抵店的当天,前厅接待员应根据宾客预订的具体要求提前排房,并将有关接待细节(变更或补充)通知相关部门,共同完成宾客抵店前的各项准备工作。

(八)婉拒预订

婉拒预订是指因客房状况不能满足客人的要求时而婉言拒绝其预订要求,但是并非意味着对客服务的中止。应做到:

（1）应向客人道歉,说明原因;

（2）可根据饭店的实际情况,用商量的口气询问是否有变动的可能;

（3）如果客人表示否定,则征得客人的同意后,登记在"候补客人名单"(On-waiting List)内,并留下姓名、电话,当有了空房时马上与客人取得联系;

（4）如果最后还是无法满足客人的要求,预订员也应该用友好的态度对待客人,表示遗憾,并表示今后愿意随时为其提供服务。

任务 1-2　客房预订控制管理

一、超额预订控制

由于受饭店业市场竞争以及地理、气候等客观因素影响,饭店会出现不同程度的销售旺季、淡季,并对饭店经济效益和社会效益产生影响。对于预订员来说,在销售旺季时要做到保持客房的最佳出租率,同时又不损饭店信誉;在销售淡季时,努力提高客房的出租率。

在客房预订过程中,几乎每天都会有预订了房间而客人未到的情况发生,这对一些出租率不是很高的饭店来说是一种损失,也是资源的浪费。在当今竞争激烈的饭店业市场环境下,饭店不可能要求客人做到百分之百精确的预订,但可以通过采用某种措施加强自我保护,最大限度地减少饭店的损失,客房超额预订策略就是其中的一种。客房超额预订策略就是在尽量精确掌握当天客房退房、进房数量的情况下,适当提高预订率,使客房出租率预计超过 100%,以弥补因种种原因取消预订造成的损失。

超额预订(Over Booking)是指虽然饭店某一时段客房预订已满,但仍可适当增加订房数量以弥补客人未按时抵店或临时取消预订产生的缺额所造成的损失。目的在于充分利用饭店客房,提高出租率。由于种种原因,客人可能会临时取消预订,或出现"无到(No show)"现象,或提前离店,或临时变更预订要求等,从而可能会造成饭店部分客房的闲置,因此需要饭店进行超额预订,以减少损失。

超额预订是饭店经营管理者胆识与能力的表现,又是一种风险行为。因此,超额预订应该有个"度"的限制,以免出现因"过度预订"而使预订客人不能入住,或因"预订不足"而使客房闲置等现象。这个"度"的把握是超额订房管理成功与否的关键,它应是有根据的。这个根据来自历史经验,来自对市场的预测和对客情的分析。

通常确定超额订房的数量必须考虑以下几个方面。

1. 根据订房资料统计不同类别客人的数量和比率

利用公式计算超额订房数量和超额预订率,其计算公式如下:

超额预订量 ＝可预订客房数 ×(预订取消率＋预订无到率)

　　　　　　－ 预期离店客房数 × 延期住宿率＋续住房数 × 提前离店率

超额预订率 ＝超额预订量 ÷ 可预订客房数 ×100％

例如,某饭店有客房 400 间,根据资料统计分析,8 月 2 日预计续住房间数为 140 间,预期离店房间数为 75 间,根据总台预订历史资料分析,预订不到以及临时取消、变更的比率为 12％,提前离店率为 4％,延期住宿率为 6％,问预订处 8 月 2 日可接受多少超额订房? 超额预订率是多少?

解:该饭店接受的超额订房数为

超额预订量 ＝ $(400-140) \times 12\% - 75 \times 6\% + 140 \times 4\% \approx 32$(间)

超额预订率 ＝ $32 \div (400-140) \div 100\% \approx 12\%$

根据公式计算得知该饭店 8 月 2 日可超额订房 32 间,超额预订率为 12％。

一般情况下,饭店将超额预订率控制在 5％～15％为宜,如果超订比例过大,很可能出现客人到店而无房的情况,因此妥善控制超额预订的比例很重要。但这恰恰是很有难度的。5％～15％这个超额预订率的制定仅供参考,因为它是依据饭店以往的经验统计数理计算得来的。未来状况到底会怎样,还要考虑其他因素做具体分析。

2. 掌握好团队和散客订房的比例

通常,团队订房的计划性较强,预订不到或临时取消预订的可能性较小,即使订房有变化,一般也会提前通知饭店。而散客订房的随意性较大,经常因各种原因不能如期抵店而事先又往往不告知饭店。因此,在现有订房中,如果团队预订多而散客预订少,那么,超订的比例就应小些;相反,如果散客订房多于团队订房,那么,超额预订的比例就应大些。

3. 掌握好淡、旺、平季的差别

旺季客房供不应求,客房订房后取消的可能性较小,所以,超额预订的比例应小些。平季时的客人订房后取消或更改预订的可能性相对旺季来讲要大些,因此,平季的超额预订比例应大些。淡季一般不会出现客满的现象,因此不存在超额订房的问题。

4. 掌握好预订提前量的多少

当客房已订满,饭店还想超额订房,则要看预订提前量有多少。如果明天订满,超额订房就要慎重,因为离客人抵店只有一天时间,客人取消或变更预订的可能性相对较小。如果一个月后订满,超额订房的比例就可以高些,因为一个月中客人取消或变更预订的可能性是比较大的。

5. 考虑现有订房中各种订房所占的比例

如果现有订房是保证类的,通常不能实行超额订房。保证类的订房较多,超额订房比例应小些;确认类的订房比例较高,超额订房比例应大一些;临时性订房的比例较高,超额订房比例应更大些。

二、超额预订过度的补救方法

对于超额预订,从实践上虽然是可以理解的,但从法律意义上讲,则是违法的。如因超额预订而使客人不能入住,就相当于酒店单方面违反合同。所以,一旦发生这种情况,饭店必须采取积极的补救措施,妥善安排好客人,以消除客人的不满情绪,尽量挽回不良影响,维护饭店的声誉。

1. 对于超额预订饭店一般采取的补救措施

一般饭店采取的补救措施如下:

(1) 诚恳地向客人道歉,请求客人谅解。

(2) 立即与另一家相同等级的酒店联系,请求援助。

(3) 派车将客人免费送往这家酒店。如果找不到相同等级的酒店,可安排客人住在另一家级别稍高一点的酒店,高出的房费由本酒店支付。如属连住,则店内一有空房,在客人愿意的情况下,再把客人接回来。

(4) 对提供了援助的酒店表示感谢。

2. 对于保证类超额预订的补救措施

如客人属于保证类超额预订,则除了采取以上措施以外,还应视具体情况,为客人提供以下帮助:

(1) 支付其在其他酒店住宿期间的第一夜房费,或客人搬回酒店后可享受一天免费房的待遇。

(2) 免费为客人提供一次长途电话费或传真费。

（3）次日排房时,首先考虑此类客人的用房安排。大堂副理应在大堂迎候客人,并陪同客人办理入住手续。

客房超额预订策略是可行的,关键是操作时的把握,相信适当的客房超额预订会在充分利用饭店资源的同时,给饭店带来一定的经济效益。

 典型案例

客人来了无房住

长沙一年一度的金鹰电视艺术节期间是酒店的接待高峰,为保证酒店的经济效益,某酒店一连几天都实行超额预订。一天,一位来自外地的客人要入住酒店,他已经提前预订了房间,而此时酒店房间已全部出租,没有空余房间。当前台接待员向客人解释时,客人却不理睬。这位客人提起行李在大堂大喊大叫,说自己已经预订了房间,因此是不会走的。这时,大堂副理走过来,将客人领到大堂副理工作台前,细心地与客人解释,争得客人同意,又打电话与同星级的酒店联系,终于在附近找了一间房。考虑到客人已经很疲惫,该经理晚上就没有再打扰客人的休息。第二天一早,值班经理带上致歉信和礼品花篮,对酒店给客人造成的不便表示歉意,同时表示对酒店服务中存在的问题,今后一定改进。看了酒店经理如此有诚意,客人原谅了酒店的过错。

案例评析：

本案例是酒店进行超额预订时遇到的酒店失约情况。

对于超额预订,从实践上虽然是可以理解的,但从法律意义上讲,则是违法的。如因超额预订而使客人不能入住,就相当于酒店单方面毁约。因此,本案例中出现的酒店失约情况,酒店方应负全部责任。本案例中大堂副理和值班经理妥善安排好客人住宿,以良好的服务和高效的工作消除客人的不满,换来了客人的谅解,从而挽回了酒店的不良影响,维护了酒店的声誉。

知识链接

酒店实施超额预订是因为客人会出现"No Show"现象、临时取消预订、提前离店、临时改变预订等要求。酒店为了避免遭受经济损失,追求理想的客房经济效益,有可能或有必要实施有效的超额预订。尽管这种办法比较冒险,但酒店仍在使用。除了要了解超额预订数量的确定方法以及弥补超额预订酒店失约行为的措施以外,酒店方还有哪些控制失约行为的方法呢?

（1）完善各项预订政策,健全预订程序及其标准。

（2）加强与预订中心、预订代理处的沟通。

（3）建立与接待处等沟通的制度。例如,前厅部接待处应正确统计出可售房数量、预订未到者、临时取消者、提前抵店者、提前离店者、延期住店者的用房变化数，并按时将上述统计数字通知预订处等。

（4）注重培训、督导预订员，加强其预订业务素质。

（5）由专人负责将预订信息按要求输入计算机或标注客房预订汇总表。

（6）注意预订细节。如果是电话或面谈预订，则应复述宾客的预订要求，解释前厅专业术语的确切含义及相关规定，避免产生误解。

（7）加强预订工作的检查，避免出现差错或遗漏。

（8）合理配置部门人力资源，做到人尽其用。

学习情境 2　宾客抵店时对客服务

宾客抵店时对客服务是前厅部酒店代表、门童、行李员、接待员等工作人员协调对客服务全过程中的一个关键阶段。礼宾部的酒店代表为客人提供店外迎接服务，门童为客人提供店门迎接服务，行李员为客人提供抵店行李服务；前台接待员为客人办理入住登记服务。

任务 2-1　店外迎接服务

为了体现酒店的档次和服务水准，许多高档酒店都设有礼宾部，它是酒店体现全方位"一条龙服务"的最前沿岗位，下设酒店代表、迎宾员、行李员、委托代办等岗位，其职责范围有迎送宾客服务、行李服务、递送邮件、留言单以及客人委托代办的各种服务。礼宾部的全体员工是最先迎接和最后送走客人，并向客人宣传酒店、推销酒店产品的服务群体，他们的服务对客人第一印象和最后印象的形成起着重要的作用。

店外迎接服务主要由饭店代表提供。饭店在其所在城市的机场、车站、码头设点，派出代表，接送抵离店的客人，争取未预订客人入住本饭店。这是饭店设立的一种服务规范，既是配套服务，也是饭店根据自己的市场定位所做的一项促销工作。为了做好服务工作，饭店为客人提供接车服务（Picking up Service），一方面，旺季在饭店与机场（车站）之间开设穿梭巴士（Shuttle Bus）；另一方面，根据客人的要求指定专门的车辆服务。

饭店代表每天应掌握预抵店客人名单（Expected Arrival List，EA）；应向订房部索取"宾客接车通知单"，了解客人的姓名、航班（车次）、到达时间、车辆要求及接待规格等情况；然后安排车辆、准备饭店标志牌，做好各项准备工作；及时了解航班变更、取消或延迟的最新消息，并通知饭店前厅接待处。

在飞机、火车抵达时，要准备标明宾客姓名的饭店提示牌，以引起客人注意。接到客人后，应代表饭店向客人表示欢迎，同时提供行李服务，安排客人上车。客人上车离开机场（车站）后，马上电话通知饭店接待处，以便做好准备工作，如果客人属贵宾，则应通知饭店大堂副理，并告知其客人离开机场（车站）的时间，请他安排有关部门做好迎接工作。

如果客人漏接，则应及时与饭店接待处联系，查核客人是否已经到达饭店，并向有关部门反映情况，以便采取弥补措施。

在机场（车站）设点的饭店，一般都有固定的办公地点，都有饭店的明显标志，如店名、店徽及星级等。饭店代表除迎接有预订的客人外，还应积极向未预订客人推销本饭店，主动介绍本饭店的设备设施情况，争取客人入住。有些饭店还利用穿梭巴士免费送客人到饭店。

饭店代表除迎接客人和推销饭店产品外，还向本饭店已离店客人提供送行服务，为客人办理登机手续，提供行李服务等。

情景模拟对话

驻机场代表迎接客人情景模拟对话

代表：您好！请问您是国旅的吗？

客人：是的。

代表：请问您怎么称呼？

客人：王刚。

代表：您就是王刚领队，王先生您好！

客人：你好。

代表：大家好！我是国贸大饭店的驻机场代表李伟，欢迎大家的到来。你们的行李一共是 19 件，对吗？（帮客人挂行李牌、搬运行李）

各位，请这边走。（打手势，引领）我们的客车停在那边。

请问：您的客人是 68 位，开了 34 个标准间，对吗？

客人：是的。

代表：好的。这就是接站的饭店班车，请大家按顺序慢慢上车。王先生，您先带您的客人抵店，客人的行李由行李专车负责运送至酒店。我们的司机师傅姓刘。路上有什么需要请跟他沟通。

客人：好的。

代表：先生们，女士们，车程大概需要 30 分钟。祝大家旅途愉快！再见！

客人：再见！

（驻机场代表通知大厅值班台：国旅的 68 位客人 30 分钟后即将抵店，领队王刚，车号 5689。）

任务 2-2　店门迎接服务

店门迎接服务是对宾客进入饭店正门时所进行的一项面对面的服务。门厅迎接员（Doorman），也称迎宾员或门童，是代表饭店在大门口迎送宾客的专门人员，是饭店形象的具体表现。门厅迎接员要承担迎送客人，调车，协助保安员、行李员等人员工作的任务，通常应站在大门的两侧或台阶下、车道边，站立时应挺胸、手自然下垂或下握，两脚与肩同宽。其迎送宾客服务程序如下。

一、迎客服务

（1）将宾客所乘车辆引领到适当的地方停车，以免造成饭店门前交通阻塞。

（2）趋前开启车门，用左手拉开车门成 70°角左右，右手挡在车门上沿，为宾客护顶，防止宾客碰伤头部，并协助宾客下车。原则上应优先为女宾、老年人、外宾开车门。若遇有行动不便的宾客，则应扶助他们下车，并提醒其注意台阶；若遇有信仰佛教或伊斯兰教的宾客，则无须为其护顶；若遇有雨天，应为宾客提供撑雨伞服务，礼貌地暗示宾客擦净鞋底后进入大堂，并将宾客随手携带的湿雨伞锁在伞架上，以方便宾客。

 典型案例

当客人被车门夹伤后

东南亚某现代化大都市，春光明媚，鲜花盛开，整座城市被装饰得流光溢彩。市里正在举行各种各样的宴会和庆典活动，市里各大饭店也挤满了身着盛装的绅男淑女。在当地一流的 D 饭店门前豪华轿车川流不息，好不风光。饭店贵客 H 太太乘上一辆奔驰车，当门卫推上车门时，只听 H 太太"啊哟"一声，门卫忙把门打开，可已经来不及了，H 太太的手指被门夹了一下，而且伤得很厉害。"你是怎么关的门？"H 太太怒气冲冲地责问门卫。"对不起，夫人！可我是看你落座后才关的门"，门卫解释说。"你还强辩！"H 太太更是怒不可遏。于是双方发生了一场争执……

第二天，H 太太通过律师向饭店投诉，并提出了赔偿 1 000 美元治疗费及精神损失的要求。H 太太陈述：这一事件是由门卫明显的失职造成的。作为客人，对于饭店专职服务人员的过失行为所造成的损害要求给予赔偿，是理所当然的。

饭店方面对 H 太太的投诉作了反驳：根据门卫的陈述，当时 H 太太已进了车内，两手也放在了里面。门卫是看清情况、确认不会发生事故之后才把门推上的。H

太太是在门卫关门时不小心把手伸到了关门的地方。这一本不该发生的事故是因客人的无意行为而造成的,如果归咎于饭店是不公平的。确切地说,这一事故并不是门卫的过错,而是因 H 太太不当心造成的。

案例评析:

(1) 从本案例来看,客人受了伤,饭店毕竟负有不可推卸的责任。具体地说,不论事故发生的原因是什么,开门、关门是门卫的职责,专门负责开关门的人却因为关门给客人造成了事故,这只能说明是门卫的失职;而从根本上说应归咎于门卫所属饭店的过错,如教育不力、管理不善等,所以饭店不能不赔偿 H 太太的损失。

(2) 另外,门卫在处理 H 太太受伤的态度、方法上,也是不冷静、不正确的。如果换一种积极主动的态度和方法,效果就会好得多。试想,当门卫看到客人的手被夹伤时,马上赔礼道歉说:"夫人,是我失手了,真对不起!"并且带客人去饭店的诊所治疗。如果 H 太太的伤势得到了妥善的治疗,门卫诚恳道歉的态度也会使她大为感动,从而对其过失不好再说什么,投诉、赔偿之类的念头可能就烟消云散了。

(3) 面带微笑,使用恰当的敬语欢迎前来的每一位宾客。

(4) 协助行李员卸行李,注意检查有无遗漏物品。

(5) 招呼行李员引领宾客进入饭店大堂。

二、门厅贵宾(VIP)迎送服务

门厅贵宾迎送是饭店给下榻的重要宾客的一种礼遇。门厅迎接员应根据客房预订处发出的接待通知,做好充分准备:

(1) 根据需要,负责升降某国国旗、中国国旗、店旗或彩旗等。

(2) 负责维持大门口秩序,协助做好安全保卫工作。

(3) 正确引导、疏通车辆,确保大门前交通畅通。

(4) 讲究服务规格,并准确使用贵宾姓名或头衔向其问候致意。

实训练习

在饭店实训室门口或与饭店前厅大门类似的地方,学生分组以角色扮演的方式练习问候迎接客人。

要求:

(1) 站位正确,引导停车及开关车门动作娴熟;

(2) 声音洪亮,面带微笑,口头语言与肢体语言符合礼貌礼节规范;

(3) 服务能体现个性化。

任务 2-3　抵店行李服务

行李服务是前厅服务的一项重要内容,由行李员负责提供。内容主要包括宾客行李搬运和行李寄存保管服务。其所处位置应使客人很容易发现,同时让行李员便于观察客人抵、离店时的进出情况,易于与总台协调联系,一般位于饭店大堂一侧的礼宾部或电梯旁、总台前。

一、行李服务要求

为了做好行李服务工作,要求行李组领班及行李员必须具备下列条件。

(1) 掌握饭店服务与管理的基础知识。

(2) 了解店内、店外诸多服务信息。

(3) 具备良好的职业道德,诚实,责任心极强。

(4) 性格活泼开朗,思维敏捷。

(5) 熟知礼宾部、行李员的工作程序及操作规则、标准。

(6) 熟悉饭店内各条路径及有关部门的位置。

(7) 能吃苦耐劳,做到眼勤、嘴勤、手勤、腿勤。

(8) 善于与人交往,和蔼可亲。

(9) 掌握饭店内餐饮、客房、娱乐等服务内容、服务时间、服务场所及其他相关信息。

(10) 掌握饭店所在地名胜古迹、旅游景点及购物场所的信息。

二、散客入住行李服务程序与标准

(1) 散客抵店时,行李员帮助客人卸行李,并请客人清点过目,准确无误后,帮助客人提拿,但对于易碎物品、贵重物品,可不必主动提拿,如客人要求帮助,行李员则应特别小心,轻拿、轻放,防止丢失和破损。

 典型案例

丢失在出租车上的行李

炎炎夏日的一个周末,几位日本客人分别乘坐出租车同时抵店,行李员微笑迎接客人,并确认后备厢是否有行李以后,迅速朝车尾的后备厢走去帮客人卸行李。这时,出租车司机也走了下来,把后备厢门打开,行李员把里面的行李拿了出来(当时行李员没有看清楚后备厢有几件行李,司机就把后备厢门关上,行李员认为后备厢行李已下完)。此时后面又来了两辆出租车,也是跟他们一起的,其中的一位客人走向车尾的后备厢,行李员快速记下出租车车号,又走过去帮助客人拿行李。当所有的行李都搬下车后,行李员便将行李放于行李车上推进大堂内,在等待客人办理入住手续的过程中,有位客人朝行李车走过来拿护照办理登记,却发现放护照的行李包不见了,这时行李员才意识到客人的行李可能是落在出租车上了。

客人非常生气,向大堂副理投诉。由于酒店规定行李员在客人下车时要记下出租车的车牌号,因此查找起来应该不是难事。于是大堂副理对客人说:"真是对不起,由于我们工作的失误,给你们带来了麻烦。请你们先到房间休息一会儿,我们登记了你们刚才乘坐的出租车的车号,现在就与出租车调配中心联系,一定把行李为你们找回来。"

客人一看目前也没有更好的办法,也只好如此,回房间等候,大堂副理还安排总台为客人送去了时令水果。

通过行李员记下的车牌号查找得知,这位客人乘坐的是"兴武"出租公司的车,于是酒店便通过了"114"查询台得到了"兴武出租车公司"的号码,但打电话过去的时候没有人接听,因为是星期日,无人值班,后经过多方打听得知"客运管理处"的电话,向他们描述了丢失行李的时间、车牌号及所属公司,行李的类型及有些什么东西在包里,最后通过多方的努力仅用一个小时就将客人遗失的行李追回来了。随后,大堂副理亲自带着客人的行李和致歉信来到了客人入住的 518 号房。见到完好无损的行李,客人高兴极了,也表示自己存在疏忽,不能全怪行李员的失误,以后还会选择入住该酒店。

案例思考:本案例中,行李员错在哪里?此案例对于酒店的启示是什么?

(2) 行李员手提行李走在客人的左前方,引领客人到接待处办理入住登记手续,如为大宗行李,则需用行李车。

(3) 客人到达接待处后,行李员站在客人身后,距离客人 2～3 步远,行李放于面前,随时听候接待员及客人的召唤。

(4) 从接待员手中接过客人的房卡和钥匙卡,引领客人进入客房。

(5) 主动为客人叫电梯,并注意相关礼节:让客人先进电梯,行李员进电梯后,按好电梯楼层,站在电梯控制牌处,面朝客人,并主动与客人沟通;电梯到达后,让客人先出电梯,行李员随后提行李跟出。

(6) 到达客房门口,行李员放下行李,按饭店既定程序敲门、开门,以免接待处卖重客房给客人造成不便。

(7) 打开房门后,开灯,退出客房,手势示意请客人先进。

(8) 将行李放在客房行李架上,然后介绍房间设备、设施,介绍时手势不能过多,时间不能太长,以免给客人造成索取小费的误解。

(9) 行李员离开客房前,应礼貌地向客人道别,并祝客人住店愉快。

（10）返回礼宾部填写"散客行李入店登记表"（见表 2-13）。

表 2-13　散客行李入店登记表

日期（Date）：

房号 （ROOM NO.）	上楼时间 （UP TIME）	件数 （PIECES）	迎接行李员 （PORTER）	预计离店时间 （Departure Time）	车牌号码 （TAXI NO.）	备注 （REMARKS）

情景模拟对话

散 客 抵 店 的 行 李 服 务

行李员：您好！欢迎光临！

客人：你好！

行李员：先生，请您稍等！您的行李是 2 件，对吗？

客人：是的。

行李员：先生，请随我来！（按引领规范要求引领客人走向总台）请问，您怎么称呼？

客人：我叫张军。

行李员：张军先生您好！您是初次到本店吗？（随客人的话回答）总台到了，请您在此办理入住登记。

（办完手续后）

行李员：张先生，请往这边走。本店二楼咖啡厅正在搞促销活动，有时间您不妨前去品尝。

客人：好的。

行李员：张先生，最近餐厅新推出了山珍靓汤，客人们都反映不错，您不妨也去试试。

客人：好的，有机会我一定会去的。

行李员：谢谢您！

张先生，您的房间到了，请稍等（敲门—通报）。

张先生，请进！您的行李放在行李架上，好吗？

客人：好的。

行李员：张先生，我能为您介绍房内设施设备的使用情况吗？

客人：好的。

行李员：冰箱里有收费的酒水、饮料，饮用后请您填写饮料单。电视 1～5 频道是收费节目，如果您有需要请您拨打 123。如您拨打外线请先加零。

客人：好的。谢谢！

行李员：不客气。能为您服务我感到非常荣幸！

张先生，您还有什么需要吗？

客人：先这样吧。

行李员：好的。祝您入住愉快！

客人：再见！

行李员：再见！

实训练习

学生分组以角色扮演的方式模拟散客抵店行李服务。

要求：

（1）站位正确，服务及时、规范；

（2）服务流程正确，过程完整，表单填写规范、正确；

（3）服务时，口头语言与肢体语言符合礼貌礼节规范；

（4）服务能体现个性化。

三、团队的行李服务程序与标准

旅行社一般备有行李车，由专职的行李押送员运送团队行李。饭店行李员只负责店内行李的运送与收取。

（1）团体行李到达时，行李员推出行李车，与行李押运员交接行李，清点行李件数，检查行李有无破损，然后双方按各项规定程序履行签收手续。此时如发现行李有破损或短缺，应由行李押运单位负责，请行李押运人员签字证明，并通知陪同及领队。如行李随团到达，则还应请领队确认签字。

（2）填写"团体行李登记表"（见表 2-2）。

（3）如行李员与客人抵店，则将行李放到指定的地点、标上团号，然后将行李罩上行李罩存放。注意不同团体的行李之间应留有空隙。

典型案例

装 错 行 李

早上 8:00，某饭店大堂内，几批团队客人陆续离店，酒店大堂角落处同时堆了 4 堆行李，其中 3 堆都加了行李网，有一堆是日本团的行李，因马上就要装车走就没有加网罩。离日本团 1 米处的是加了行李网的美国团的行李，行李员小陈和小张根据日本团领队的意思将该团的行李装车,并清点数目为 30 件后,请领队签字。领队因为正忙着其他结账事宜,未仔细核对就在行李运送记录上匆匆签了字。

10 分钟后,美国团也要结账离店。小陈和小张将网掀掉后装车,共 30 件,与进店时的行李相符,请领队签字。可是领队却说他的团进店的时候是 30 件,但是刚才有一名客人又放了一包在行李堆中,所以行李件数应该是 31 件。小陈和小张又清点了一遍,还是 30 件。而且行李运到大厅的时候已经加了行李网,也没有见别人动过,因此这堆行李的件数应该不会错的。领队急忙叫刚才少了一件行李的客人来询问。客人说确实把行李放到本团的行李堆旁边了。小张又问客人有没有放到网罩内,客人说没有。小陈与小张马上明白了,客人的这一件行李一定是被误装到日本团的行李中了。

大堂经理了解到情况后,马上与日本团的旅行社取得联系,后迅速赶到机场才安全取回了行李!

案例评析:

由于客人事先没有告诉行李员又放了一件行李到行李堆中,并且把行李放错了地方,所以装错行李的主要责任不在店方。但是两人也可以更加细心一些,由于行李没有加网罩,所以在将行李最后装车的时候,应该再请日本领队仔细核对行李件数,这样也许就会发现多出了一件行李。此外,如果两人再细心点,就会发现两堆行李的标签不同。客人丢失行李,将会严重影响到其旅游并给以后的旅程带来很多麻烦,如果行李中有护照和其他贵重物品,后果将更加严重。

经验教训:

(1) 加强饭店行李员的安全意识,做到接待每件行李的时候都要细心。

(2) 在遇到运送团队行李,或一次较多的行李的时候,要安排专人守候,做到寸步不离。

(3) 进出店时行李一定要核对标签及件数,若发现件数有问题,应查明原因,有疑问要找领队确认。

(4) 团队行李要严格分区摆放,加上行李网,并有明显的区分标志。

(5) 行李员不仅自己要做好团队行李的记录,也有责任提醒领队在签字前核对行李件数,做到万无一失。

(4) 在每件行李上挂上饭店的行李标签,待客人办理入住登记后根据接待处提供的团体分房表,认真核对客人姓名,并在每张行李标签上写上客人房号。填写房号要准确、迅速,然后在团体行李登记表的每一房号后面标明入店的行李件数,以方便客人离店时核对。如某件行李上没有客人姓名,则应把行李放在一边,并在行李标签上注明团号及入店时间,然后将其放到行李房储存备查,并尽快与陪同或导游联系确定物主的姓名、房号,尽快送给客人。

（5）将写上房号的团体行李装上行李车。装车时应注意：

① 硬件在下、软件在上，大件在下、小件在上，并特别注意有"请勿倒置"字样的行李。

② 同一团体的行李应放于同一趟车上，放不下时分装两车，同一团体的行李分车摆放时，应按楼层分车，尽量将同一楼层或相近楼层的行李放在同一趟车上。如果同一层楼有两车行李，应根据房号装车；同一位客人有两件以上的行李，则应把这些行李放在同一车上，应避免分开装车，以免客人误认为丢失行李。

③ 遵循"同团同车、同层同车、同侧同车"的原则。

（6）行李送到楼层后，按房号分送。

（7）送完行李后，将每间客房的行李件数准确登记在团队入店行李登记表上（见表 2-14），并按团体入住单上的时间存档。

表 2-14　团体行李登记表

团体名称		人数		入店日期		离店日期	
	时间	总件数	饭店行李员		领队	行李押运员	车号
入店							
出店							
房号	入店件数			离店件数			备注
	行李箱	行李包	其他	行李箱	行李包	其他	
合　计							

四、换房行李服务

换房行李服务的流程如下：

（1）接到接待处的换房通知后，到接待处领取"换房通知单"，弄清客人的姓名、房号及换房后的房号。

（2）到客人原房间楼层，将"换房通知单"中的一联交给服务员，通知其查房。

（3）按进房程序经住客允许后再进入客房，请客人清点要搬的行李及其他物品，将行李装车。

（4）引领客人到新的房间，为其开门，将行李放好，必要时向客人介绍房内设备设施。

（5）收回客人原来的房卡及钥匙，交给客人新的房卡及钥匙。

（6）向客人道别，退出客房。

（7）将原房卡及钥匙交回接待处。

（8）做好换房工作记录，并填写"换房行李登记表"（见表 2-15）。

表 2-15 换房行李登记表

日期	时间	由(房号)	到(房号)	行李件数	行李员签名	楼层服务员签名	备注

五、行李寄存服务

由于各种原因，客人希望将一些行李暂时存放在礼宾部。礼宾部为方便住客存取行李，保证行李安全，应有专门的行李房并建立相应的制度，同时规定必要的办理寄存手续。

1. 对寄存行李的要求

（1）行李房不寄存现金、金银首饰、珠宝、玉器，以及护照等身份证件。上述物品应礼貌地请客人自行保管，或放到前厅收款处的保险箱内免费保管。已办理退房手续的客人如想使用保险箱，须经大堂副理批准。

（2）饭店及行李房不得寄存易燃、易爆、易腐烂或有腐蚀性的物品。

（3）不得存放易变质食品、易蛀仪器及易碎物品。如客人坚持要寄存，则应向客人说明饭店不承担赔偿责任，并做好记录，同时在易碎物品上挂上"小心轻放"的标牌。

（4）如发现枪支、弹药、毒品等危险物品，要及时报告保安部和大堂副理，并保护现场，防止发生意外。

（5）不接受宠物寄存。一般饭店不接受带宠物的客人入住。

（6）提示客人行李上锁。对未上锁的小件行李须在客人面前用封条将行李封好。

2. 行李寄存及领取的类别

（1）住客自己寄存，自己领取。

（2）住客自己寄存，让他人领取。

（3）非住客寄存，但让住客领取。

3. 建立行李房管理制度

（1）行李房是为客人寄存行李的重地，严禁非行李房人员进入。

（2）行李房钥匙由专人看管。

（3）做好"人在门开，人离门锁"。

（4）行李房内严禁吸烟、睡觉、堆放杂物。

（5）行李房要保持清洁。

（6）寄存行李要摆放整齐。

（7）寄存行李上必须系有"行李寄存单"（见表2-16）。

表 2-16　行李寄存单

行李寄存单（饭店联）	
姓名（NAME）	
房号（ROOM NO.）	
行李件数（LUGGAGE）	
日期（DATE）	时间（TIME）
客人签名（GUEST'S SIGNATURE）	
行李员签名（BELLBOY'S SIGNATURE）	
行李寄存单（顾客联）	
姓名（NAME）	
房号（ROOM NO.）	
行李件数（LUGGAGE）	
日期（DATE）	时间（TIME）
客人签名（GUEST'S SIGNATURE）	
行李员签名（BELLBOY'S SIGNATURE）	

4. 行李寄存程序

（1）宾客前来寄存行李时，行李员应热情接待，礼貌服务。

（2）弄清客人行李是否属于饭店不予寄存的范围。

（3）问清行李件数、寄存时间、宾客姓名及房号。

（4）填写"行李寄存单"，并请客人签名，上联附挂在行李上，下联交给客人留存，告知客人下联是领取行李的凭证。

（5）将半天、一天、短期存放的行李放置于方便搬运的地方；如一位客人有多件行李，要用绳系在一起，以免错拿。

（6）经办人须及时在"行李寄存记录本"上进行登记，并注明行李存放的件数、位置及存取日期等情况。如属非住客寄存、住客领取的寄存行李，应通知住客前来领取。"行李寄存记录本"项目设置，如表2-17所示。

表 2-17   行李寄存记录本项目设置

日期	时间	房号	件数	存单号码	行李员	领回日期	时间	行李员	备注

5. 行李领取服务

（1）当客人来领取行李时，须收回"行李寄存单"的下联，请客人当场在寄存单的下联上签名，并询问行李的颜色、大小、形状、件数、存放的时间等，以便查找。

（2）将"行李寄存"的上下联进行核对，看二者的签名是否相符，如相符则将行李交给客人，然后在"行李寄存记录本"上做好记录。

（3）如住客寄存、他人领取，须请住客把代领人的姓名、单位或住址写清楚，并请住客通知代领人带"行李寄存单"的下联及证件来提取行李。行李员须在"行李寄存记录本"的备注栏内做好记录。

当代领人来领取行李时，应请其出示存放凭据，报出原寄存人的姓名、行李件数。行李员收下"行李寄存单"的下联并与上联核对编号，然后再查看"行李寄存记录本"记录，核对无误后，将行李交给代领人，请代领人写收条并签名（或复印其证件）。将收条和"行李寄存单"的上下联订在一起存档，最后在记录本上做好记录。

（4）如果客人遗失了"行李寄存单"，须请客人出示有效身份证件，核查签名，请客人报出寄存行李的件数、形状特征、原房号等。确定是该客人的行李后，须请客人写一张领取寄存行李的说明并签名（或复印其证件）。将客人所填写的证明、证件复印件、"行李寄存单"上联订在一起存档。

（5）来访客人留存物品、让住店客人提取的寄存服务，可采取留言的方式通知住客，并参照寄存、领取服务的有关条款进行。

 典型案例

没有行李寄存单的寄存行李

下午 5:10，王先生匆匆赶到行李房，对当班的小卢说，午后他将行李交给当时值班的小杨，可他现在不在，因此请小卢帮忙提出行李。小卢请客人出示行李寄存单，但王先生对小卢说，由于认识小杨，当时小杨说不用办手续了，所以没填行李寄存单。客人马上要赶晚上 6：30 的飞机回去，请小卢帮帮忙。小卢表示由于小杨下班时没有交代此事，根据规定，他不能给没有行李寄存单的客人拿行李，这也是为了保护客人物品的安全，请王先生能够理解，并请他不要着急，他现在就与小杨联系。正在此时,电话响了,原来小杨在回家的路上突然想起了王先生寄存的行李,于是急忙打来了电话。接完小杨的电话,小卢急忙向客人表示歉意,同时请王先生描绘了一下所取行李的外貌以做验证,然后从小杨所说的位置给客人拿来了行李,但此时已是下午5:30了。尽管小卢一再道歉,但王先生还是表示会投诉饭店,然后急匆匆地离开了饭店。

案例评析:

(1) 客人来办理行李寄存时,一定要按规章办事,填写行李寄存单。即使是行李员认识客人,也不能图方便免去手续。

(2) 当客人来提取寄存的行李时,行李房一定要坚持按规章办事,在没有行李寄存单和得到上一班服务员交代的情况下,绝不轻易发放行李,虽然有时会给客人带来麻烦,但这一做法是正确的,无可非议。就如同本例中小卢的做法。

(3) 加强对员工责任心的培养,如果本例中的小杨能够做到把客人的事当作自己的事情一样来对待,就不会在交接班时忘记了王先生的行李,也就不会发生客人取不出行李的事。

特殊情况处理

1. 发现无人认领的行李

无人认领的行李一般有以下3种情况。

(1) 发放团队行李时无人领取:行李员首先应将情况向领班汇报,由领班及时与该团队的陪同或领队沟通,行李员此时要协助陪同或领队一起寻找行李的主人。

(2) 行李房行李寄存时间早已过期,但无人领取:行李员应及时汇报领班,由领班查找后联系客人,通知客人及时取行李。若客人表示没有时间或不方便领取时,行李员应征求客人意见后做出相应的处理,必要时行李员应提供帮助。

(3) 在大堂发现无人认领的行李:行李员应首先向前台其他人员了解情况,然后将行李放在行李房,根据行李上的线索查找失主,及时汇报上级管理人员并做好登记,以便及时告诉来寻者。

2. 行李已到,但客人未到

(1) 如果事先已排好房,可根据排房表姓名与房号填写行李标签,根据行李标签上已写明的房号先送进房间。

(2) 如未排房,先将行李寄放行李房,待客人到时,由陪同核对到店行李件数,待排好房后再送进房。

3. 当行李送入房间时,客人说还有欠差

(1) 向客人致歉,迅速查找失误环节,主动与陪同联系,协助查找并安慰客人。

（2）如到店行李件数与送入客房件数一致，在本团队客房中查找；如送入客房行李件数少于到店件数，有可能行李遗留在行李房或错送其他团队客房。

（3）如实在找不到，应分清责任，如饭店负有责任，饭店应酌情赔偿。

4. 客人登记入住后，并不立即去房间，而是要求行李员将其行李先送入房间

（1）问清客人的房号并请客人出示房间钥匙和欢迎卡，请客人核对行李件数，确认无误后将行李送入客房。进入客房时，须同楼层服务员一起进入。

（2）做好该房的送运行李记录。

任务 2-4　入住登记服务

对于大多数宾客来说，在前厅部的总服务台办理入住登记是宾客第一次与酒店员工面对面的接触。办理入住登记是客人同酒店之间建立正式、合法关系的基本环节。对于酒店前厅部来说，入住登记是对客服务全过程的起始阶段，也是一个非常关键的阶段。这一阶段的工作效率将直接影响前厅部其他部门功能的发挥。

一、办理入住登记手续的目的

1. 办理入住登记是遵守国家法律中有关入住管理的规定

我国有关法律明确规定，在我国的外国人及国内流动人口，在宾馆、饭店、招待所临时住宿时，必须出示护照或身份证等有效证件，并办理入住登记手续，才能住宿。饭店管理人员若不按规定为客人办理入住登记手续，是违反国家法律有关户籍管理规定的行为，将受到处罚。所以，办理入住登记手续是饭店遵守有关法律的行为，同时也是饭店对国家应尽的义务。

2. 办理入住登记手续可以和客人签订住宿合同

客人在办理入住登记手续时，必须填写一张由饭店提供的临时住宿登记表，这张表相当于是饭店和客人签订的住宿合同。登记表上明确了客人入住饭店的房号、房价、住宿期限、付款方式等项目，还有饭店告知客人的退房时间、贵重物品保管等注意事项。最后，饭店接待员和客人都必须在这张临时住宿登记表上签名确认，这标志着饭店与客人之间正式合法的经济关系的确立。因此，只有完成入住登记手续，饭店与客人之间的责任与义务、权利与利益才能明确。

3. 办理入住登记手续可以获得住店宾客的个人资料，提供个性化服务

客人办理入住登记手续，填写临时住宿登记表，饭店可以获得住店客人的有关个人资料，如宾客的姓名、性别、国籍、住所、工作单位、抵离店日期、付款方式等基本信息。这些个人资料对于搞好饭店的服务与管理至关重要，它为前厅部向饭店其他

部门提供服务信息、协调对客服务提供了依据，同时也为饭店研究客情，特别是创造个性化、人性化的服务，建立宾客历史档案提供了依据。

4. 办理入住登记手续可以满足宾客对客房和房价的要求

办理入住登记手续时，前台接待员通过回答客人的各种问题，可以让客人了解本饭店的各种客房类型和相应的房价，并可推荐一些有特色的房间和有优惠房价的房间，客人就可以根据自身不同的情况，选择满意的房间和房价。所以，通过办理入住登记手续不仅推销了客房，而且满足了客人对房间和房价的要求。

二、办理入住登记需要的表格

（一）住宿登记表（Registration Form）

在我国，住宿登记表大体分 3 种：国内旅客住宿登记表、境外旅客临时住宿登记表（Registration form of temporary residence for visitors）和团体人员住宿登记表（分别见表 2-18～表 2-20）。

表 2-18　国内旅客住宿登记表

编号：				房号：		房租：	
姓名	性别	年龄	籍贯	工作单位		职　业	
			省市县				
户口地址					从何处来		
身份证或其他有效证件				证件号码			
抵店日期				离店日期			
同宿人	姓名	性别	年龄	关系	备注		

请注意：
1. 退房时间是中午 12:00
2. 贵重物品请存放在前台保险箱内，阁下一切物品之遗失饭店概不负责
3. 来访客人请在 23:00 前离开房间
4. 退房请交回钥匙
5. 房租不包括房间里的饮料

结账方式：
现金：
信用卡：
支票：
客人签名：
接待员：

填表人_____

表 2-19 境外旅客临时住宿登记表

Registration form of temporary residence for visitors

IN BLOCK LETTERS：　　　　DAILY RATE：　　　　ROOM NO.：

SURNAME：	DATE OF BIRTH：	SEX：	NATIONALITY OR AREA：	
OBJECT OF STAY：	DATE OF ARRIVAL：	DATE OF DEPARTURE：	COMPANY OR OCCUPATION：	
HOME ADDRESS：				

PLEASE NOTE：

1. Check out time is 12：00 noon
2. Safe deposit boxes are available at cashier counter at no charge，Hotel will not be responsible for any loss of your property
3. Visitors are requested to leave guest rooms by 11：00PM
4. Room rate not including beverage in your room
5. Please return your room key to cashier counter after check-out

On checking out my account will be settled by：
CASH：
T/A VOUCHER：
CREDIT CARD：
GUEST SIGNATURE：

For clerk use

护照或证件名称：	号码：	签证种类：	签证号码：	签证有效期：
签证签发机关：	入境日期：	口岸：	接待单位：	

REMARKS：　　　　　　　　　　CLERK SIGNATURE：

表 2-20 团体人员住宿登记表

Registration form of temporary residence for group

团队名称：　　　日期：　　　年　　月　　日　　至　　月　　日
Name of group　　Date　　Year　　Mon　　Day　　Till　　Mon　　Day

房号 (ROOM NO.)	姓名 (NAME IN FULL)	性别 (SEX)	出生年月 (DATE OF BIRTH)	职业 (PROFESSION OR OCCUPATION)	国籍 (NATIONALITY)	护照号码 (PASSPORT NO.)

签证号码：　　　　　　机关：　　　　　　种类：
有效日期：　　　　　　入境日期：　　　　　口岸：

留宿单位：_____　　　　接待单位：_____

　　住宿登记表的内容主要包括两方面：公安部门所规定的登记项目和饭店运行与管理所需要的登记项目。

1. 公安部门所规定的登记项目

公安部门所规定登记项目的内容主要有：客人的完整姓名（Full Name）、国籍（Nationality）、出生年月（Date of Birth）、家庭地址（Home Address）、职业（Occupation）、有效证件及相关内容等。

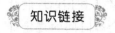 知识链接

证件的种类

（1）护照：外交护照（Diplomatic Passport）；公务护照（Service Passport）；官员护照（Official Passport）；普通护照（Passport）；特别护照（Special Passport）；团体护照（Group Passport）；联合国护照（United Nations Passport）。

（2）身份证件：海员证（Seamans Passport）；回美证（Permit To Reenter The United States）；返日证（Reenter Permit To Japan）；香港特别行政区护照；香港居民来往内地通行证；港澳同胞回乡证；台湾居民来往内地通行证；中华人民共和国旅行证；中华人民共和国外国人拘留证；中华人民共和国外国人临时拘留证；中华人民共和国居民身份证；中国人民解放军三总部制发的现役军人身份证件；武警总部制发的警察身份证件。

（3）签证种类及代码：外交签证（W）；公务签证（U）；礼遇签证（Y）；团体签证（T）；互免签证（M）；定居签证（D）；职业签证（Z）；学习签证（X）；访问签证（F）；旅游签证（L）；乘务签证（C）；过境签证（G）；常驻我国的外国记者签证（J-t）；临时来华的外国记者签证（J-2）。

2. 饭店运行与管理所需的登记项目

（1）宾客姓名及性别。姓名与性别是识别客人的首要标志，服务人员要记住客人的姓名，并要以姓氏去称呼客人以示尊重。

（2）房号（Room No.）。房号是确定房间类型和房价的主要依据。注明房号同时有利于查找、识别住店客人及建立客账。

（3）房租（Room Rate）。房租是客人与接待员在饭店门市价的基础上协商而定的，它是建立客账、预测客房收入的重要依据。如标准价（Rack Rate）为 US＄100，给客人 8 折优惠，在登记表上最好以 US＄100-20％的方式标记。这种方式虽不符合逻辑，但易于操作，既反映了标准价，又表明了优惠率。

（4）付款方式。确定付款方式有利于保障客房销售收入及决定客人住宿期间的信用标准，并有助于提高退房结账的速度。最主要还是方便住客，由饭店为其提供一次性结账服务。

（5）抵离店日期。掌握客人准确的抵店日期、时间，有助于计算房租、查询、邮寄等系列服务的顺利进行；而了解客人的预计离店日期，则有助于订房部的客房预测

及接待处的排房(Room Assignment),并有助于客房部清扫工作的安排。

(6)住址。记录正确、完整的客人永久住址,有助于饭店与客人的日后联系,如遗留物品的处理、邮件转寄服务等。

(7)饭店管理声明。登记表上的管理声明,即住客须知,它告诉客人住宿消费的注意事项,如:退房时间(Check out Time)为中午 12:00 前,建议客人使用前厅收款处的免费保险箱,否则如有贵重物品遗失,饭店恕不负责;还有会客时间的规定等内容。

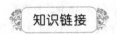

关于退房时间的规定

根据国际惯例以及 2002 年中国旅游饭店业协会颁布的《中国旅游饭店行业规范》的相关规定,酒店除钟点房外,客房收费以"间/夜"为计算单位,不管顾客是否住够了 24 小时,都要作为一天计价。客人当日入住,次日中午 12 时之前退房,计收一天房费;次日 12 时以后、18 时以前办理退房手续者,饭店可以加收半天房费;次日 18 时以后办理退房手续者,饭店可以加收一天房费。

而中国旅游饭店业协会最新公布的《中国旅游饭店行业规范》(2009 年 8 月修订版)中,已经删去了"12 点退房,超过 12 点加收半天房费,超过 18 点加收 1 天房费"的规定。取而代之的第三章第十条为:"饭店应在前厅显著位置明示客房价格和住宿时间结算方法,或者确认已将上述信息用适当方式告知客人。"

(8)接待员签名。接待员签名有助于增强员工的责任心,有利于控制和保证服务质量。

有些饭店为进行市场分析,还在登记表中设计了一些调研项目,如停留事由、交通工具、订房渠道、下个目的地等。

(二)房卡(Room Card)

房卡又称欢迎卡(Welcome Card)。接待员在给客人办理入住登记手续时,会给客人填写封面印有"欢迎光临"字样的房卡。房卡的内容主要包括饭店运行与管理所需登记的项目、住客须知及饭店服务项目、设施的介绍。

房卡的主要作用是证明住店客人的身份,方便客人出入饭店。因此,房卡又称"饭店护照"(Hotel Passport)。在一些饭店,房卡还被赋予其他的一些功能,如为区分客人类别,饭店常使用贵宾房卡以示区别;根据客人的信用标准,饭店还特别印制一种房卡——钥匙卡,这种卡只证明其持有者的住店客人身份,但不能作为饭店消费场所的签单证明,主要发给没交押金的散客和团体客人,其他费用由客人自理。持 VIP 房卡和其他种类房卡的客人则可凭房卡去饭店经营场所签单消费,其账单送至前厅收款处入账,退房时一次性结账。但在给客人签单时,各经营场所的收银员一定要核实顾客身份及检查房卡是否有效。

三、办理入住登记操作程序

（一）接待准备

（1）房态和可供出租客房情况（Room Status and Availability）。饭店客房的状态随着客人入住和离店等活动进行着不同的转换,熟悉房态有助于客房销售,如果房间状态发生了变化,却没有及时的更改,就会出现租重房的情况。

 典型案例

租　重　房

一天,一位已经有预订的客人来到某酒店总台,要求将原来的标准间改为套房,以方便会客,值班员小蔡查看了一下房态,正好有客人需要的套房,于是安排客人入住了916号套房,随后在客人的入住登记表上将标准间改为了916号套房,并且将原来客人预订的标准间在计算机上也做了空房修改,但是却忘记了在计算机上将刚才出租套房的房态改为已住房。到了晚上,小蔡下班时没有告诉接班的服务员小李换房的事,当有客人要求入住套房时,值班员小李将计算机上显示是空房而实际上已有住客的916号套房安排了客人。

当第二位客人办完手续后上了楼层,随后就拿着房卡来到总台,质问是怎么回事,房间已经有人住了,并坚持要投诉。

案例评析:

（1）立即向客人致歉,迅速查看记录,为客人换到相近楼层同类型的客房,签发新的房卡,及时更改房态,并向客人赠送水果以表歉意。

（2）如果此时没有同类型的客房,向值班经理请示,可为客人安排略高规格的房间,差价由酒店负责,以安抚客人的情绪。

（2）预抵店（Expected Arrival List,EA）客人名单。

（3）有特殊要求的预抵店客人名单。

（4）预抵店重要客人名单。饭店的重要客人主要有:

① 贵宾（VIP）（Very Important Person）:主要包括政府方面、文化界、饭店方面的知名人士等。

② 公司客户（CIP）（Commercially Important Person）:主要指大公司、大企业的高级行政人员、旅行社和旅游公司职员、新闻媒体工作者等。

③ 需特别关照的客人（SPATT）（Special Attention Guests）:主要指长住客

(Long-stay Guests)以及需要特别照顾的老、弱、病、残客人等。

④ 饭店常为重要客人提供特别的服务和礼节,如事先预留客房、免费享受接机/接车服务、在客房办理登记手续及安排专人迎接等。由于以上客人较为重要,饭店常把预抵店重要客人名单印发至前厅各部门及饭店相关对客服务部门,让他们在接待服务过程中多加留意。

(5)预离店(Expected Departures List,ED)客人名单。

(6)黑名单(Black List),包括:公安部门的通缉犯;当地饭店协会会员、大堂副理记录的有关黑名单;财务部门通报的走单(逃账)客人,信用卡黑名单。

(7)其他:登记表、欢迎卡、账单和其他有关单据、表格。

(二)不同类型客人入住登记的操作程序

入住的客人可分为两大类,即有订房的客人与没有订房的客人。有订房的客人又有保证订房的和非保证订房的之分。保证订房者一定是确认订房,非保证订房者不一定是确认订房。根据客人订房的不同类型,饭店入住的登记步骤也应区别对待。团体客人大多属于有订房的,且是确认订房的客人。散客情况则多种多样,既有事先订房的,也有事先没有订房的;既有保证订房的,也有未保证订房的。

1. 散客(VIP 除外)的入住登记程序

(1)识别客人有无预订。客人来到接待处时,接待员应面带微笑,主动迎上前去,询问客人有无订房。若有订房,应问清客人是用谁的名字订的房,然后根据姓名找出客人的订房资料,确认订房内容,特别是房间类型与住宿天数。如客人没有订房,则应先查看房态表,看是否有可供出租的客房。若能提供客房,则向客人介绍房间情况,为客人选房。如没有空房,则应婉言谢绝客人,并耐心为客人介绍邻近的饭店。

(2)客人填写入住登记表。鉴于有不同的登记表格,接待员应先问清客人证件的名称,然后协助客人填写登记表。为加快入住登记速度,有的饭店实行预先登记,退房日期先空出,待客人抵店,如果没有异议,让客人签上退房日期和姓名即可。客人入住都必须登记,团体客人可一团一表,散客则一人一表。

(3)验证身份证件。一方面是国内旅客持用证件。比如中华人民共和国居民身份证、身份证回执、临时身份证、中国护照、军官证、警官证、士兵证、文职干部证、军警老干部离休荣誉证、军警老干部退休证明书、一次性住宿有效凭证。另一方面是境外旅客持用证件,主要有:

① 港澳同胞回乡证。它是港澳居民来往内地时使用的一种旅行证件,由公安部授权广东省公安厅签发。

② 中华人民共和国旅行证。它是护照的代用证件,是我国驻外使、领馆颁发给

不便于发给护照的境外中国公民回国使用的一种证件。它包括一年一次入出境有效和两年多次入出境有效两种。

③ 中国台湾居民来往内地通行证。它是我国台湾居民来往内地的旅行证件。由公安部出入境管理局授权的公安机关签发或委托在香港和澳门特别行政区的有关机构代为办理。该证有两种：一种为 5 年有效，另一种为一次入出境有效。它实行逐次签证，签证分一次往返有效和多次往返有效。

④ 中华人民共和国入出境通行证。它分为两种：一是为未持有我国有效护照、证件的华侨、港澳居民入出我国国境而颁发；二是为回国探亲旅游的华侨、港澳居民因证照过期或遗失而补发，分一次有效和多次有效两种。该证件由我国公安机关出入境管理部门签发。

⑤ 外国人持有的证件，即护照。

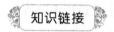

护照的识别

（1）国籍的识别。目前世界上大多数国家的护照或其他代用护照上都有发照国本国文字和国际上通用的文字（英文）标明国籍。但也有一些国家只用本国文字标明国籍，遇到这种情况，可以按照护照封皮上的国徽图案或国家标志来识别。

（2）护照有效期的识别。护照有时效限制，并在有效期内发生效力。护照期满前持照人应根据本国有关的法律规定到政府授权机关更换新护照或申办护照延期，否则护照会自然失效，不再具有原效力。护照有效期的表述方法一般有以下几种：在"护照有效期"一栏写明有效期，这是最常见的；在"护照有效期"一栏注明自签发之日起若干年有效；在护照的使用说明中规定自签发之日起若干年有效；规定在一些特定的条件下有效；护照内未注明有效期限的，视为永久有效。

（3）护照真伪的识别。注意识别护照样式、图案、颜色。注意护照内各项内容和发照机关签署印章的情况，查看是否有伪造和涂改痕迹。查看护照上的照片及对自然特征的记载是否与持照人相符，照片上加盖的骑缝印章有无可疑之处。

（4）安排房间，确定房价。接待员应根据宾客的住宿要求，着手排房、定价。通常客房分配应讲究一定的顺序以及排房艺术。

排房顺序：①团体宾客；②重要宾客和常客；③已付订金的预订宾客；④要求延期离店的宾客；⑤普通预订宾客，并有准确航班号或抵达时间；⑥无预订的散客。

排房时应以提高宾客满意度和饭店住宿率为出发点，应注重下列技巧：①尽量将团队客人安排在同一楼层或相近楼层，采取相对集中的排房原则；②内外宾有着不同的语言和生活习惯，应将内宾和外宾分别安排在不同的楼层；③将残疾人、老年人和带小孩的宾客尽量安排在离电梯较近的房间；④对于常客和有特殊要求的宾客应予以照顾,满足其要求;⑤尽量不要将敌对国家的宾客安排在同一楼层或相近的房间;⑥应注意房号的忌讳。

为客人分配好房间后,接待员在饭店的价格范围内为客人确定房价。如客人事先有订房,接待员则必须遵守订房单上已确认的房价,不能随意改动。

(5)确定付款方式。确定付款方式,从饭店角度来看,可避免利益损害,防止住客逃账(走单);从客人角度来看,可享受住宿期消费一次性结账服务和退房结账的高效率服务。

接待员可从登记表中的"付款方式"一栏中得知客人选择的付款方式。客人常采用的付款方式有现金、信用卡、支票及旅行传单等。

① 现金结账。如果客人用现金结账,客人入住时则要交纳一定数额的预付金。预付金额度应超过住宿期间的总房租数,具体超过多少,由饭店自定,一般为一天的房租,结账时多退少补。大型饭店,预付金由前厅收银员收取,中小型饭店由接待员收取。

② 信用卡结账。如果客人用信用卡结账,接待员应首先辨明客人所持的信用卡是否属中国人民银行规定的可在我国使用且本饭店接受的信用卡;其次核实住客是否为持卡人;然后检查信用卡的有效期及信用卡的完好程度;接着使用信用卡压印机,将客人的信用卡资料影印到适当的签购单上;最后将信用卡交还客人,将已印制好的信用卡签购单与制作的账单一起交前厅收款处。

③ 传单结账。客人向与饭店有订房合同的旅行社购买饭店的客房,房租交付给旅行社,旅行社给客人签发传单,客人凭此传单入住指定的饭店,无须再向饭店支付房租,房租由旅行社与饭店按订房合同解决。如果客人持旅行社传单结账,接待员则应告诉客人,房租之外的费用必须由客人自行支付,如洗衣费、长途电话费等,因此客人仍然要交纳一定的押金。

④ 以转账方式结账。客人若要以转账方式结账,这一要求一般在客人订房时就会向饭店提出,并经饭店有关负责人批准后方可。如果客人在办理入住登记手续时才提出以转账方式结账,饭店通常不予受理。

对于一些熟客、常客、公司客户等,饭店为了表示友好和信任,通常会给予他们免交押金的方便。免交押金的名单一般由饭店的营业部或财务部门印发,订房部员工在订房单的备注内容中注明,接待处则灵活处理。

(6)完成入住登记手续。排房、定价、确定付款方式后,接待员应请宾客在准备好的房卡上签名,即可将客房钥匙交给宾客。有些饭店还会向宾客提供用餐券、免费饮料券、各种促销宣传品等,并询问宾客喜欢阅读的报纸,以便准备和提供。同时,饭店为宾客事先保存的邮件、留言单等也应在此时交给宾客,并提醒宾客将贵重物品寄存在饭店免费提供的保管箱内。在宾客离开前厅时,接待员应安排行李员引领宾客进房并主动与宾客道别,然后将宾客入住信息输入计算机并通知客房中心。也有些饭店宾客进房 7～10 分钟后,再通过电话与宾客联系,询问其对客房是否满意,并对其光临再次表示感谢。

(7) 制作相关表格资料。入住登记程序最后阶段的工作,是建立相关表格资料,其做法如下。

① 使用打时机,在入住登记表的一端打上客人入住的具体时间(年、月、日、时、分)。

② 将客人入住信息输入计算机内,并将与结账相关事项的详细内容输入计算机客账单内。

③ 标注"预期到店一览表"中相关信息,以示宾客已经入住。

④ 若以手工操作为主的饭店,则应立即填写五联客房状况卡条,将宾客入住信息传递给相关部门。

散客入住登记程序如图 2-1 所示。

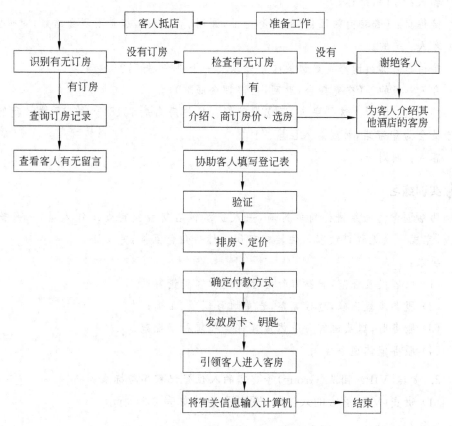

图 2-1 散客入住登记程序

情景模拟对话

预订散客入住登记

接待员：您好，先生。欢迎来到假日酒店，有什么需要帮助的吗？

客人：我想办理入住登记手续。

接待员：请问您有预订吗？

客人：有的，我在一个星期前通过电话预订了一个标准间。我姓王。

接待员：王先生，请稍等，我要查看一下订房记录。让您久等了，您预订的是从8月2日至8月4日的一间标准间，300元每晚，对吗？

客人：对，是的。

接待员：麻烦您填写一下入住登记表，好吗？

客人：可以。（填完后，递给接待员）

接待员：谢谢，请您出示一下身份证，好吗？

客人：好的，给你。

接待员：（查验有效证件）给您身份证，谢谢。王先生，您是用现金结账，对吗？

客人：是的。

接待员：那么请您到这边的收银处预交一下押金，好吗？

客人：好的。（交完押金，返回，呈递押金底联）

接待员：谢谢。这是房卡，请您保管好。您的房间是1518号，在15楼。我们的行李员会为您带路，希望您入住愉快！

客人：谢谢。

实训练习

两名同学为一组进行角色扮演，一人扮演饭店前台接待处工作人员，一人扮演客人，完成一次无预订散客入住接待工作。然后角色互换，并互评。

要求：

(1) 仪容仪表规范，能够有针对性地进行客房销售；

(2) 服务流程正确，过程完整，表单填写规范、正确；

(3) 服务时，口头语言与肢体语言符合礼貌礼节规范；

(4) 服务能体现个性化。

2. 贵宾(VIP)、团队(Group)等宾客的入住登记程序与标准

(1) 贵宾(VIP)客人的入住登记程序与标准如表2-21所示。

表 2-21　VIP 客人的入住登记手续办理的程序与标准

程　序	标　准
1. 接待 VIP 客人的准备工作	• 填写 VIP 申请单,上报总经理审批签字认可 • VIP 房的分配力求选择同类客房中方位、视野、景致、环境、房间保养等方面处于最佳状态的客房 • VIP 客人到达饭店前,要将钥匙卡、钥匙、班车时刻表、欢迎信封及登记卡等放至客务经理处 • 客务经理在客人到达前检查房间,确保房间状态正常,礼品发送准确无误
2. 办理入店手续	• 准确掌握当天预抵 VIP 客人的姓名 • 以客人姓氏称呼客人,及时通知客务经理,由客务经理亲自迎接 • 客务经理向客人介绍饭店设施,并亲自将客人送至房间
3. 信息储存	• 复核有关 VIP 客人资料的正确性,并准确输入计算机 • 在计算机中注明哪些客人是 VIP 客人,以提示其他部门或人员注意 • 为 VIP 客人建立档案,并注明身份,以便作为预订和日后查询的参考资料

知识链接

谁是 VIP

（1）政府：国家元首,赴本地视察的国家部委领导、省主要负责人,各部、委、办、局的主要领导,市党政军负责人等；

（2）企业：来投资的内外资企业、集团总裁,饭店集团的重要业务客户等；

（3）社会：影视娱乐界著名演艺人员,体育界国家著名运动员,广告传媒的资深编辑、记者等；

（4）业内：省级以上旅行社总经理,同星级酒店董事长、总经理,曾经对酒店有过重大贡献的人士,酒店邀请的宾客,个人全价入住酒店豪华房 3 次以上的宾客,个人入住酒店十次以上的宾客等。

（2）团队（Group）宾客的入住登记程序与标准如表 2-22 所示。

表 2-22　团队宾客入住登记手续办理程序与标准

程　序	标　准
1. 准备工作	• 在团队到达前,预先备好团队的钥匙,并与有关部门联系确保房间为可售房 • 要按照团队要求提前分配好房间

续表

程　序	标　准
2. 接待团队入店	<ul><li>总台接待员与销售部团队联络员一起礼貌地把团队客人引领至团队入店登记处</li><li>团队联络员告知领队、团队客人有关事宜,其中包括早、中、晚餐地点,饭店其他设施等</li><li>接待员与领队确认房间数、人数及早晨唤醒时间、团队行李离店时间</li><li>经确认后,请团队联络员在团队明细单上签字,总台接待员也需在上面签字认可</li><li>团队联络员和领队接洽完毕后,总台接待员需协助领队发放钥匙,并告知客人电梯的位置</li></ul>
3. 信息储存	<ul><li>入住手续办理完毕后,总台接待员将准确的房间号名单转交行李部,以便行李的发送</li><li>修正完所有更改事项后,及时将所有相关信息输入计算机</li></ul>

（3）长住宾客的入住登记程序与标准如表 2-23 所示。

表 2-23　长住客人接待服务的程序与标准

程　序	标　准
1. 长住客人的定义	长住客人均要与饭店签订合同,并且至少留住一个月
2. 长住客人抵店时的接待	<ul><li>当长住客人抵达饭店时,按照 VIP 客人接待程序的标准进行</li><li>总台接待员立刻将所有信息输入计算机,并在计算机中注明该客人为 LS 或 LP^注</li><li>为客人建立两份账单,一份为房费单,另外一份为杂项账目单</li><li>客人信息确认无误后,为客人建立档案</li></ul>
3. 付款程序	<ul><li>长住客与饭店签有合同,且留住饭店时间至少为一个月,总台负责长住客的工作人员每月结算一次长住客的账目,汇总所有餐厅及其他消费的账单同房费账单一起转交财务部</li><li>财务部检查无误后,发送给客人一张总账单,请其付清本月账目</li><li>客人检查账目无误后,携带所有账单到总台付账</li><li>总台将客人已付清的账单转交回财务部存档</li></ul>

注:LS,一般长住客的注明。

　　LP,小包价长住客的注明。

四、办理入住登记常见问题处理

1. 换房

调换房间往往有两种可能:一种是客人主动提出,另一种是饭店的要求。客人可能因客房所处位置、价格、大小、类型、噪声、舒适程度以及所处楼层、朝向、人数变化、客房设施设备出现故障等原因而要求换房;饭店可能因客房的维修保养,客人离店日期延后,为团队会议宾客集中排房等原因,而向宾客提出换房的要求。换房往往会给宾客或饭店带来麻烦,故必须慎重处理。尤其要注意在搬运宾客私人物品时,除非经宾客授权,应坚持两人以上在场(大堂经理等)。

换房的服务程序如下:①了解换房原因;②查看客房状态资料,为客人排房;③填写房间/房租变更单(见表2-24);④为客人提供换房时的行李服务;⑤发放新的房卡与钥匙,由行李员收回原房卡与钥匙;⑥接待员更改计算机资料,更改房态。

表 2-24　房间/房租变更单

房间/房租变更单
ROOM/RATE CHANGE LIST

日期(DATE)_____	时间(TIME)_____
宾客姓名(NAME)_____	离开日期(DEPT DATE)_____
房号(ROOM)____ 由(FROM)_____	转到(TO)_____
房租(RATE)____ 由(FROM)_____	转到(TO)_____
理由(REASON)_____	
当班接待员(CLERK)_____	行李员(BELLBOY)_____
客房部(HOUSEKEEPING)_____	电话总机(OPERATOR)_____
前台收银处(F/O CASHIER)_____	问讯处(MAIL AND INFORMATION)_____

2. 离店日期变更

宾客在住店过程中,因情况变化,可能会要求提前离店或推迟离店。

宾客提前离店,应通知客房预订处修改预订记录,前台应将此信息通知客房部尽快清扫整理客房。宾客推迟离店,也要与客房预订处联系,检查能否满足其要求,若可以,接待员应开出"推迟离店通知单"(见表2-25),通知结账处、客房部等;若用房紧张,无法满足宾客逾期离店要求,则应主动耐心地向宾客解释并设法为其联系其他住处,征得宾客的谅解。如果客人不肯离开,前厅人员应立即通知预订部,为即将到店的客人另寻房间。如实在无房,只能为即将来店的临时预订客人联系其他饭店。处理这类问题的原则是:宁可让即将到店的客人住到别的饭店,也不能赶走已住店客人。同时,从管理的角度来看,旺季时,前厅部应采取相应的有效措施,尽早发现宾客推迟离店信息,以争取主动,如在开房率高峰时期,提前一天让接待员用电话与计划离店的客人联系,确认其具体的离店日期和时间,以获取所需信息,尽早采取措施。

表 2-25　推迟离店通知单

姓名(NAME)_____
房间(ROOM)_____
可停留至(IT ALLOWED TO STAY UNTIL)_____ A. M. _____ P. M.
日期(DATE)_____
前厅部经理签字(FRONT OFFICE MANAGER SIGNED)_____

3. 宾客不愿翔实登记

有部分宾客为减少麻烦,出于保密或为了显示自己特殊身份和地位等目的,住店时不愿登记或登记时有些项目不愿填写。此时,接待员应妥善处理:

(1)耐心向宾客解释填写住宿登记表的必要性。

(2)若宾客出于怕麻烦或填写有困难,则可代其填写,只要求宾客签名确认即可。

(3)若宾客出于某种顾虑,担心住店期间被打扰,则可以告诉宾客,饭店的计算机电话系统有"DND"(请勿打扰)功能,并通知有关接待人员,保证宾客不被打扰。

(4)若宾客为了显示其身份地位,饭店也应努力改进服务,满足宾客需求。比如充分利用已建立起的客史档案系统,提前为宾客填妥登记表中的有关内容,进行预先登记,在宾客抵店时,只需签名即可入住。对于常客、商务宾客及 VIP 宾客,可先请宾客在大堂里休息,为其送上一杯茶(或咖啡),然后前去为宾客办理登记手续,甚至可让其在客房内办理手续,以显示对宾客的重视和体贴。

4. 宾客抵店入住时,发现房间已被占用

这一现象被称为"重房",是前厅部工作的重大失误。此时,应立即向宾客道歉,承认自己工作的疏忽,同时,安置宾客到大堂、咖啡厅或就近的空房入座,同时为宾客送上一杯茶,以消除其烦躁的情绪,并尽快重新安排客房。等安排好房间后,应由接待员或行李员亲自带宾客进房,并采取相应的补救措施。事后,应寻找发生问题的根源,如房间状态显示系统出错,则应与客房部联系,共同采取措施加以纠正。

5. 押金数额不足

由于饭店客源的复杂性,客人付款方式的多样性,饭店坏账、漏账、逃账的可能性始终存在。客人在办理入住登记手续时,饭店为了维护自身的利益,常要求客人预付一定数量的押金,结账时多退少补,尤其是首次住店的客人、无行李的客人、无客史档案的客人及以往信用不良的客人。押金的数额依据客人的住宿天数而定,主要是预收住宿期间的房租。一些饭店为方便客人使用房间内长途电话(IDD、DDD),饮用房内小酒吧的酒水(Mini-bar)、洗衣费签单等,常会要求客人多预交一天的房租作为押金,当然也是作为客人免费使用房间设备、设施的押金,如果客人拿走或损坏客房的正常补给品则须照价赔偿。有时客人的钱只够支付房租,而不够支付额外的押金,遇到这种情况,接待员要请示上级做出处理。如让客人入住,签发的房卡为钥匙卡(不能签单消费),应通知总机关闭长途线路,通知客房楼层收吧或锁上小酒吧。后两项工作一定要在客人进房前做好,不要让住客撞见,以免客人尴尬和反感。客人入住后,客房楼层服务员对该房间要多加留意。

6. 加床(Extra Bed)

客人加床大致分两种情况:一是客人在办理登记手续时要求加床,二是客人在住宿期间要求加床。

饭店要按规定为加床客人办理入住登记手续，并为其签发房卡，房卡中的房租为加床费，加床费转至住客付款账单上。如客人在住宿期间要求加床，第三个客人在办理入住登记手续时，入住登记表需支付房费的住客签名确认。接待处将加床信息以"加床通知单"(Extra Bed Information)的形式通知相关部门。

学习情境 3　宾客住店期间对客服务

任务 3-1　问 讯 服 务

问讯服务是客房产品销售的配套服务，是免费的服务。大型饭店一般在总服务台设立专门问讯处(Mail & Information)，中小型饭店为了节省人力，则由接待员负责解答问讯。问讯员在掌握大量信息的基础上，尽量满足客人的各种问讯需求。除了解答问询之外，问讯处的业务范围还包括查询服务、留言服务以及邮件服务。

一、问讯服务

客人问讯的内容包括有关酒店本身的一些情况，也有关于酒店所处城市的交通、旅游景点等方面的问题，涉及面可能会相当广泛。

1. 酒店内部信息的问讯服务

（1）餐厅、酒吧、商场所在的位置及营业时间；

（2）宴会、会议、展览会举办场所及时间；

（3）酒店提供的其他服务项目、营业时间及收费标准，如健身服务、医疗服务、洗衣服务等。

2. 酒店外部信息的问讯服务

（1）酒店所在城市的旅游点及其交通情况；

（2）主要娱乐场所、商业区、商业机构、政府部门、大专院校及有关企业的位置和交通情况；

（3）近期内有关大型文艺、体育活动的基本情况；

（4）市内交通情况；

（5）国际国内航班飞行情况。

服务必杀技

上述信息内容，问讯员均应熟知，以便给予宾客准确、肯定的答复，千万不可模棱两可或使用否定词回答。对于不能即刻解答的问题,应通过请教他人或查阅资料给予宾客答复。

3. 问讯处要备齐的信息资料

(1) 飞机、火车、轮船、汽车等交通工具的时刻表、价目表及里程表。

(2) 地图的准备:本地的政区图、交通图、旅游图及全省、全国地图乃至世界地图。

(3) 电话号码簿:本市、全省乃至全国的电话号码簿及世界各主要城市的电话区号。

(4) 各主要媒体、企业的网址。

(5) 交通部门对购票、退票、行李重量及尺寸规格的规定。

(6) 本饭店及其所属集团的宣传册。

(7) 邮资价目表。

(8) 饭店当日活动安排,如宴会等。

(9) 当地著名大专院校、学术研究机构的名称、地址及电话。

(10) 本地主要娱乐场所的特色及其地址和电话号码等。

4. 问讯服务的基本标准

(1) 无论是回答住店客人的咨询,还是客人的来访者咨询,都要一视同仁,有问必答,彬彬有礼。

(2) 要准确无误地记住客人咨询的有关内容,以便迅速查询客人需要的信息,尽量缩短客人在前厅的等候时间。

(3) 对于比较熟悉的城市交通、旅游景点或购物信息,回答应肯定而准确,语言流畅、简明扼要,不得模棱两可,含糊其词。

(4) 对于自己不了解的事情而又一时查不到的情况,应向客人道歉,并将客人姓名、房号及问询内容记录下来,事后通过请教他人或查阅资料给予宾客答复。若经过努力仍无结果,应如实向客人耐心解释,并再次表示歉意。

(5) 对于词不达意的客人,要帮助其稳定情绪,然后让客人静下心来,讲述咨询内容,问讯员要耐心地解答,以使客人满意为准则。

(6) 当几位客人同时向自己咨询时,应本着先问先答、急问急答、简问简答的原则,让所有的客人都能满意。

(7) 问讯员应热情、耐心、快速地回答宾客提出的问题,并且有问必答,百问不厌。

典型案例

客人要去郊区的农家院

北京市朝阳公园附近的某三星级饭店,位于北京朝阳区外商活动经济圈,吸引了大批到中国投资的外国人。他们在进行商务活动考察之余,都喜欢到北京郊区的农家院,感受一下郊区农民们的生活。为此,凡是入住这家饭店的外国朋友,一般都要打电话到问讯处,咨询有关农家院的卫生、就餐和交通线路等信息。

2015 年的春天,是一个春花浪漫的季节,饭店入住了一个 15 人组成的新加坡考察团,在对准备投资的一家中国民营企业进行了为期三天的紧张考察之后,决定放松一下心情,到北京郊区的农家院看看。

当新加坡考察团的一位成员,用不太标准的中国话打电话到问讯处咨询时,问讯员小周正和一个员工聊天,对电话里听不懂中国话的客人很反感,毫不客气地说道:"我们饭店附近没有农家院,只有四合院,你想去就自己去吧!"说完,就挂了电话。

新加坡客人很生气,就打电话到大堂副理处,投诉了问讯员小周。大堂副理在得知事情的缘由之后,就让问讯员小周到客人房间道歉,并要求她在半个小时内为客人联系一个郊区的民俗旅游村。小周很快通过计算机网络查到了一家三星级民俗旅游村,并用电话嘱咐该村的村长要安排好新加坡客人一天的游览线路和就餐的农家院,还为新加坡客人联系了一家巴士公司,解决了他们到郊区农家院游览的交通问题。新加坡客人很满意,在离开饭店的时候,在意见簿上留下了这样一句话:"知错已改问讯员,下次来店再相见;有事问你请回答,客人乐意来住店。"

案例思考:本案例中问讯员犯了哪些错误?从中你得到什么启示?

案例分析:

上述案例中的问讯员小周由于在提供问讯服务中极其不好的服务态度遭到客人的投诉。她犯有三大错误:第一,在上班时间和同事聊天;第二,在没有听清新加坡客人中国话的时候,服务态度极差;第三,在没有正确回答客人的咨询内容情况下,挂断了电话。

不过,当客人向大堂副理投诉之后,她能很快地改正错误,并亲自到客人房间道歉,很快地为客人解决到郊区农家院游览的问题,最终得到了客人的原谅。但是,在对客服务中,我们要尽量为客人留下最美好的"第一印象",减少失误和失望,以饱满的情绪、平和的心态、热情周到的服务迎接到店的每一位客人。

特别提示

饭店员工应将客人的每次询问都看作一次产品推销,是树立饭店品牌、形象的机会,每位员工均应详细介绍饭店的情况,而不能将其视为一种麻烦;问讯员应主动介绍饭店的设备及服务项目情况,树立全员营销观念,积极、热情地为客人解答问题、提供帮助。

二、查询服务

查询服务主要是指非住店客人查找住店客人的有关信息,在不触及客人隐私的情况下应予以回答。主要有以下几种情形。

1. 来访者查询住店客人的情况

(1)问清来访者的姓名,与住店客人的关系。

(2)从计算机中查看该宾客是否入住本酒店,确认其房号。

(3)向客房内打电话联系,将有人来访的信息告诉宾客,经宾客同意后方可将房号告诉来访者。不能未经住客许可,便直接将来访者带入宾客客房或直接将房号告诉来访者。

(4)如宾客不在房内,可视情况通过呼叫等方法在据点公共区域帮助来访者寻找。但是,绝对不可将住客的房号及电话号码告诉来访者,也不可让来访者到房间找人,以保证客人的隐私权。

 典型案例

住客房号不能说

一天,有两位本地客人来到某四星级饭店总台,询问客人唐××是否在此下榻,并希望尽快见到他。

总台接待员小李立即进行查询,确实有一位叫唐××的客人入住在本饭店。小李立即接通了唐先生的房间电话,但是长时间没有人应答。小李便礼貌地告诉来访客人,唐先生此刻不在房间,请两位客人在大堂休息处等候,或在总台留言,与唐先生另行安排时间会面。

两位来访客人对小李的答复并不满意,一再声称他们与李先生是多年好友,请告诉他们唐先生的房间号码。小李礼貌而又耐心地向他们解释,为了保障住店客人的安全,饭店规定在未征得住店客人同意的情况下,不便将其房号告诉他人。同时建议来访客人在总台给唐先生留个便条,或随时与饭店总台联络,以便及时与唐先生取得联系。两位客人给唐先生留言后便离开了饭店。

唐先生回到饭店后,小李将来访者留下的信交给了他,并说明为了安全起见,总台没有将他的房号告诉来访者,请唐先生见谅。唐先生当即表示理解并向接待员小李致以谢意。

案例评析:

(1)严格按照饭店的规定,未经住店客人允许绝对不能向访客透露住客的房号。

就像本案例中的小李在接待访客时做的那样,既给访客留下饭店严格管理的印象,又让住客觉得安全和放心。

(2) 在坚持原则的同时,别忘了向客人提供情感服务。如小李在对访客服务中,始终礼貌待客,笑脸相迎,耐心地解释饭店的相关规定。

(3) 向客人提出合理建议,如到大堂等待或给客人留言,另约时间等。

小李所做的这一切使客人感受到服务工作的热情、真情,从而既赢得了访客的理解,也得到了住店客人唐先生的支持。

饭店也可由此得到启示:饭店坚持自己的服务标准,一方面维护了住店客人的切身利益,使客人感到放心、安心,赢得了客人的理解和支持;另一方面,也给客人留下饭店高标准服务的良好印象。

2. 电话查询住店客人的情况

(1) 问清来访者的姓名,要特别注意客人名字的发音和拼写。

(2) 从计算机中查看该宾客是否入住本酒店。

(3) 向客房内打电话联系,将有人来访的信息告诉宾客,经宾客同意后方可将电话接到房间。

(4) 若宾客不愿意接听,则不能擅自将电话接到房间。

(5) 如果房间没有人接听电话,可建议打电话者留言或稍后再打电话过来,不可将宾客房号告诉他。

3. 住店客人要求房号保密的处理

(1) 问清客人的保密程度。有些饭店将保密程度分为若干级别,如所有电话不接、所有访客不见、只接长途电话、只见某位访客等。

(2) 确认客人姓名、房号及保密时限,在计算机中做好记录。

(3) 当有人来电查询或来访要见该客人时,问讯员及总机话务员应以没有该客人入住或暂时没有入住为理由予以谢绝。

(4) 当住客要求更改保密程度,或取消保密时,应立即更改计算机记录。

特殊情况处理

有来访客人询问尚未抵店或已离店客人

(1) 查当天抵店客人的订房表,或当日预订抵店客人的名单;

(2) 查当天结账客人的名单;

(3) 从饭店保存的客史档案卡查找,看此客是否曾住店,是否已离店;

(4) 从未来的订房表(由订房处保存)中查找,看该客人是否将会入住;

(5) 如果查明客人尚未到达,则请对方在客人预订到达的日期再来询问;如果查明客人已退房,则向对方说明情况;

（6）除已退房客人有委托外，一般不把住店客人离店后的去向和地址告诉来访者（公安机关执行公务的情况例外）。

三、留言服务

前厅问讯处受理的留言有以下两类。

1. 访客留言

访客留言是指来访宾客对住店宾客的留言。问讯员在接受该留言时，应请访客填写一式三联的"访客留言单"（见表 2-26），将被访者客房的留言灯打开，将填写好的访客留言单第一联放入钥匙邮件架内，第二联送电话总机组，第三联交行李员送往客房。为此，宾客可通过三种途径获知访客留言的内容。当了解到宾客已得到留言内容后，话务员或问讯员应及时关闭留言灯。晚班问讯员应检查钥匙邮件架，如发现架内仍有留言单，则应立即检查该房间的留言灯是否已经关闭，如留言灯已关闭，则可将该架内的留言单作废；如留言灯仍未关闭，则应通过电话与宾客联系，将访客留言内容通知宾客；如宾客不在饭店，则应继续开启留言灯并保留留言单，等候宾客返回。需要注意的是，留言具有一定的时效性，为确保留言单传递速度，有些饭店规定问讯员要每隔一小时就通过电话通知宾客，这样做的目的是让宾客最迟也可在回饭店一小时之内得知留言内容，以确保万无一失。另外，为了对宾客负责，若不能确认宾客是否住在本饭店或虽然住在本饭店，但已经结账离店，则问讯员不能接受对该宾客的留言（除非宾客事先有委托）。

表 2-26　访客留言单（VISITORS MESSAGE）

女士或先生(MS OR MR)＿＿＿＿＿＿＿　　　　房号(ROOM NO.)＿＿＿＿

当您外出时(WHEN YOU WERE OUT)

来访客人姓名(VISITOR'S NAME)＿＿＿＿　　来访客人电话(VISITOR'S TEL.)

□有电话找您(TELEPHONED)　　　　　　　□将再来电话(WILL CALL AGAIN)

□请回电话(PLEASE CALL BACK)

□来访时您不在(COME TO SEE YOU)　　　　□将再来看您(WILL COME AGAIN)

留言(MESSAGE)＿＿＿＿＿＿＿＿＿＿＿＿＿＿＿＿＿＿＿＿＿＿＿＿＿＿

＿＿＿＿＿＿＿＿＿＿＿＿＿＿＿＿＿＿＿＿＿＿＿＿＿＿＿＿＿＿＿＿＿＿

＿＿＿＿＿＿＿＿＿＿＿＿＿＿＿＿＿＿＿＿＿＿＿＿＿＿＿＿＿＿＿＿＿＿

经手人(CLERK)＿＿＿＿＿＿　日期(DATE)＿＿＿＿＿＿　时间(TIME)＿＿＿＿＿

2. 住客留言

住客留言是住店宾客给来访宾客的留言。宾客离开客房或饭店时，希望给来访者留言，问讯员应请宾客填写"住客留言单"（见表 2-27），一式两联，问讯处与电话总机各保存一联。若宾客来访，问讯员或话务员可将留言内容转告来访者。由于住客留言单已注明了留言内容的有效时间,若错过了有效时间,仍未接到留言者新的通知,可将留言单作废。此外,为了确保留言内容的准确性,尤其在受理电话留言时,应注意掌握留言要点,做好记录,并向对方复述一遍,以得到对方确认。

表 2-27　住客留言单(MESSAGE)

日期(DATE)_____	房号(ROOM NO.)_____
至(TO)_____	
由(FROM OF)_____	
我将在(I WILL BE)	□INSIDE THE HOTEL(饭店内)
	在(AT)_____
	□OUTSIDE THE HOTEL(饭店外)
	在(AT)_____
	电话(TEL. NO.)_____
我将于_____回店(I WILL BE BACK AT)_____	
留言(MESSAGE)_____	
经手人(CLERK)_____　客人签字(GUEST SIGNATURE)_____	

典型案例

总台"食言"以后……

一天下午,一位中国香港客人来到上海一家饭店总台问讯处,怒气冲冲地责问接待员:"你们为什么拒绝转交我朋友给我的东西?"当班的大学生实习生小黄,连忙查阅值班记录,却不见上一班留有有关此事的记录,便对客人说:"对不起,先生,请您先把这件事的经过告诉我好吗?"客人便讲述了此事的原委。原来他几天前住过这家饭店,前两天离店去苏州办事,离店前预订了今天的房间,并告诉总台服务员,在他离店期间可能会有朋友将他的东西送来,希望饭店代为保管,值班服务员满口答应了。但这位服务员却未在值班簿上做记录。第二天当客人的朋友送来东西时,另一位当班服务员见没有上一班的留言交代,又见客人朋友送来的是衬衫,便拒绝接收,要求他自己亲手去交。当客人知道此事后,十分恼火,认为饭店言而无信,是存心跟他过不去。

小黄听了客人的陈述,对这件事的是非曲直很快就有了一个基本判断,马上对客人说:"很抱歉,先生,此事的责任在我们饭店。当时,值班服务员已经答应了您的要求,但他没有把此事在值班簿上记录留言,造成了与下一班工作的脱节。另外,下一班服务员虽然未得到上一班服务员的交代,但也应该根据实际情况,收下您朋友带来的东西,这是我们工作中的第二次过失。实在对不起,请原谅。"说到这里,小黄又把话题一转,问道:"先生,您能否告诉我,您朋友送来让寄存的东西是何物?""唔,是衬衫。"小黄听了马上以此为话题缓解矛盾:"先生,话说回来,那位服务员不肯收下您朋友的衬衫也不是没有一点道理的,因为衬衫这一类物品容易被挤压而受损伤,为了对客人负责,我们一般是不转交的,而要求亲手送交,当然您的事既然已经答应了,就应该收下来,小心保存,再转交给您。不知眼下是否还需要我们转交,我们一定满足您的要求。""不必啦,我已经收到朋友送来的衬衫了。"客人见小黄说得也有点道理,况且态度这么好,心情舒畅多了,随之也就打消了向饭店领导投诉的念头。

案例评析:

在上述案例中,实习生小黄处理得很好,值得肯定,但由此暴露出的饭店前台工作脱节造成不良后果的教训更值得记取。饭店总台工作要避免此类事件的发生,员工应树立整体意识,各个岗位之间,上一班与下一班之间要做好协调工作(包括认真做好值班记录),相互衔接,环环相扣,从而保证整个饭店的工作像一个工厂流水线那样顺顺当当地正常运转。

特别提示

做好留言服务的注意事项

(1)接受留言服务时,要听清访客或住客的留言内容,准确记录,要按留言服务程序办理;

(2)各班次交接班时应对上一班次和本班次留言处理情况交代清楚,留言传递要做到迅速、准确。

实训练习

两名同学为一组进行角色扮演,一人扮演饭店前台问讯处工作人员,一人扮演访客,完成一次访客留言工作。然后角色互换,并互评。

要求:

(1)服务流程正确,留言单信息填写完整、准确;

(2)服务过程符合饭店对客服务礼貌礼节的要求;

(3)资料齐全,存档准确无误。

四、邮件服务

前厅问讯处所提供的邮件服务包括两类:一类是分拣和派送收进的邮包,另一类是代售邮票及为住客寄发邮件。根据邮件的去向可以把邮件服务分为进店邮件服务和出店邮件服务。处理邮件的基本规则:①认真、细心、耐心、快捷、保密。如果处理不当,那么饭店可能就要对客人受到的损失承担责任。②不可拆阅或扔掉任何信件及包裹。③熟悉各部门主管的名字,不致与客人的信件混淆。④如收信时发觉信件已破坏,应以铅笔在信面注明,以使其他同事知悉。

1. 进店邮件服务

(1) 函件分拣。依住店客人的类型,按以下顺序分拣:①住店客人;②预抵店客人;③要求转投/寄的客人;④长住公司的客人;⑤已离店的客人;⑥无此收件人。

(2) 确定递送顺序。先客人,后饭店;先贵宾、常客,后普通客人;先急件、快件,后普通件;先传真、电报、挂号信、特快专递,后一般平信。

(3) 按规程递送。接到函件先登记,并按照以下办法处理:

① 客人普通函件由行李员或其他服务员直接送入客房;特种函件行李员必须打电话通知客人,及时将函件交给客人并请客人签收。

② 如客人不在房内,则发一份"邮件通知单",并在信件记录本上做好记录;也可以通过电话总机,在客人房内电话机上亮起红灯,表明有留言,并填写邮件留言单(见表 2-28),客人一回来,即可领取邮件。

表 2-28　邮件留言单(总台)(**MESSAGE FOR**)

先生 MR. _____

女士 MS. _____　　　房号(ROOM NO.) _____

您的(电传、电报、邮件)在问询处,请您在方便的时候与我们联系

THERE IS AN INCOMING(TELEX, CABLE, MAIL)FOR YOU AT THE INFORMATION DESK, PLEASE CONTACT US AT YOUR CONVENIENCE

经手人(CLERK)_____

日期(DATE)_____　　　时间(TIME)_____

③ 记录送件时间,并签上自己的姓名,存档待查。

2. 出店邮件服务

(1) 接受客人交来准备寄出的邮件时,应首先仔细检查邮件的种类,对确实难办理的邮件应礼貌地向客人解释,并请委托代办代表处理。

(2) 检查邮件是否属于禁寄物品,不能邮寄时要耐心解释;检查邮件是否超重,字迹是否清楚,项目是否填全,请客人当面处理好。

(3) 礼貌地询问客人邮件的寄出方式,并在邮件上注明。

(4) 将所有要寄出的邮件进行分类,每日在指定时间送邮局统一办理邮寄,并做好记录。

(5) 将邮局开出的收据送交客人。

(6) 每班结束工作时,清点票据和现款。

特殊情况处理

1. 曾经住店但已离店客人的邮件处理

(1) 对于寄给已离店客人的邮件,在确认该客人离店后,应在邮件上注明客人离店日期;

(2) 如果客人离店时有交代,并留下地址委托饭店转寄的,饭店应按要求转寄;

(3) 如客人未作任何交代,又属普通信件的,则在邮件上注明保留期限为 5～10 天,过期按寄件人的地址退回。

2. 已订房但尚未抵店客人的邮件的处理

(1) 在邮件上注明抵店日期,然后将邮件放在指定的格子内,并在客人"预订单"上注明有邮件;

(2) 在客人抵店前,将邮件取出交总服务台的接待员,在客人抵店办理入住登记时交给客人。

3. 取消订房的客人邮件的处理

(1) 除订房客人有委托并留下地址,饭店予以转寄外,其余一律退回寄件人。

(2) 快信、电报等应立即退回。

(3) 如果客人订房后只推迟了抵店日期,则要把邮件放在待领架上,或与订房表一起存档,待客人入住时转交。

4. 姓名不详、无法查找收件人的邮件处理

(1) 凡根据计算机资料无法查到客人的急件,在信件上盖"查无此人"印章,同时打上收件日期、时间,立即退回;

(2) 普通信件可保留一段时间(一般不超过 1 个星期),经查对确实无人领取的,则退回寄信人,并做好邮件退回记录;

(3) 当班人员要每天检查一次信格中的所有邮件,如发现已超过规定保留期的,则取出邮件盖上"退件"章,次日作退件处理。

任务 3-2　电话总机服务

饭店电话总机是饭店内外沟通联络的通信枢纽和喉舌,以电话为媒介,直接为宾客提供转接电话、挂拨国际或国内长途、叫醒、查询等项服务,是饭店对外联系的窗口,其工作代表着饭店的形象,体现着饭店服务的水准。

一、总机服务的基本要求

总机服务在饭店对客服务中扮演着重要角色。每一位话务员的声音都代表着

饭店的形象,是饭店的幕后服务大使。话务员必须以热情的态度、礼貌的语言、甜美的嗓音、娴熟的技能优质高效地开展对客服务,让宾客能够通过电话感觉到来自饭店的微笑、热情、礼貌和修养,甚至感受到饭店的档次和管理水平。

1. 话务员应具备的素质

(1) 修养良好,责任感强。

(2) 口齿清楚,语速适中,音质甜美。

(3) 听写迅速,反应敏捷。

(4) 专注认真,记忆力强。

(5) 有较强的外语听说能力。

(6) 熟悉电话业务。

(7) 有熟练的计算机操作和打字技术。

(8) 有较强的沟通能力。

(9) 熟悉饭店服务、旅游景点及娱乐等知识与信息。

(10) 严守话务机密。

2. 总机服务基本要求

(1) 用语礼貌规范,坐姿端正,不得过于随便。

(2) 电话铃响后,立即应答,高效率地转接电话。

(3) 对于宾客的留言内容,应做好记录,不可单凭大脑记忆,复述时,应注意核对数字。

(4) 应使用婉转的话语建议宾客,不可使用命令式的语句。

(5) 若对方讲话不清,应保持耐心,要用提示法来弄清问题,切不可急躁地追问、嘲笑或模仿等。

(6) 若接到拨错号或故意烦扰的电话,也应以礼相待。

(7) 应能够辨别饭店主要管理人员的声音。

(8) 结束通话时,应主动向对方致谢,待对方挂断电话后,再切断线路,切忌因自己情绪不佳而影响服务的态度与质量。

3. 话务员规范用语

(1) 外线电话打进时:"您好(早上/下午/晚上好),××饭店总机。"

(2) 饭店内部电话时:"您好(早上/下午/晚上好),我是总机。"

(3) 遇到客人打错电话时:"对不起,我是××饭店,请您重拨好吗?"

(4) 遇到电话忙音时:"对不起,电话占线,请稍等。"

(5) 遇到叫醒服务时:"早上好,××先生/女士,现在时间是早上××点钟,您起床的时间到了。"

(6) 遇到外线电话要求查找某人时:

① 仔细听清要呼叫的人名和房号,同时记录下来,礼貌地说:"请稍等!"

② 如被叫方无人接听,话务员应该说:"对不起,××先生/女士,电话没人接。您过一会儿再打来好吗?"或"××先生/女士,很抱歉,电话现在无人接听,您是否需要留言或过一会儿再打来?"

服务必杀技

(1)话务员能够"机旁一坐,集中思想;铃声一响,即有应答"。

(2)发音清晰,嗓音悦耳,音量适宜,语速适中,让客人听出亲切和"微笑"来。

(3)准备电话记录簿和圆珠笔,放在电话机旁;要注意对电话等设备进行安全有效的操作。

二、总机服务项目与工作程序标准

(一)转接电话及留言服务

(1)先认真聆听完宾客讲话后再转接,并说"请稍等",若宾客需要其他咨询、留言等服务,应对宾客说:"请稍等,我帮您接通××部门。"

(2)在等候转接时,按音乐键,播放悦耳的音乐。

(3)转接之后,如对方无人听电话,铃响30秒后,应向宾客说明:"对不起,电话没有人接,您是否需要留言或过会儿再打来?"需给住客留言的电话一律转到前厅问讯处;给饭店管理人员的留言,一律记录下来,并重复确认,并通过寻呼方式或其他有效方式尽快将留言转达给相关的管理者。

(4)为了能够高效地转接电话,话务员必须熟悉本饭店的组织机构和各部门职责范围及其服务项目,并掌握最新的、准确的住客资料。

情景模拟对话

(1)住店客人电话留言

问讯员:您好!问讯处。我能帮您吗?

客人:你好!我想给506房间的陈伟留言。

问讯员:好的。陈伟,是"耳东"陈、"伟大"的"伟"吗?

客人:是的。

问讯员:请问您怎么称呼?

客人:李楠。

问讯员:李楠先生,您好!请问是哪个楠呢?

客人:左边一个"木",右边一个东南西北的"南"。

问讯员:好的。李先生,请您说出您留言的内容,好吗?

客人:告诉他原定今天晚上6:00的会面改为今晚7:00。请他在房间等我。

问讯员:好的。您留言的内容是,告诉506房间的陈伟先生原定今晚6:00的会面改为今晚7:00,请他在房间等您,对吗?

客人:是的。

问讯员:李先生,我们将会按您的要求及时将您的留言转达给陈伟先生。请您放心。

客人:好的,谢谢!

问讯员:不客气。能为您服务我感到非常荣幸! 李先生再见!

客人:再见!

(2) 住客查询留言

问讯员:您好! 问讯处。我能帮您吗?

客人:请问,有我的留言吗? 我是506房间的。

问讯员:先生,请问您尊姓大名?

客人:我叫陈伟。

问讯员:陈先生,这儿有李楠先生给您的留言。他说原定于今晚6:00的会面推迟到今晚7:00,请您在房间等他。

客人:好的,知道了。谢谢!

问讯员:不客气。很愿意为您效劳。祝您入住愉快! 再见!

客人:再见!

(二)查询服务

(1) 对常用电话号码,应对答如流,准确快速。

(2) 如遇查询非常用电话号码,话务员应请宾客保留线路稍等,以最有效的方式为宾客查询号码,确认后及时通知宾客;如需较长时间,则请宾客留下电话号码,待查清后,再主动与宾客电话联系。

(3) 如遇查询住客房间的电话,在前厅电话均占线的情况下,话务员应通过计算机为宾客查询,此时应注意为住客保密,不能泄露其房号,接通后让宾客直接与其通话。

(三)"免电话打扰(DND)"服务

(1) 将所有要求DND服务的宾客姓名、房号、要求DND服务的时间记录在交接班本上或注明在记事牌上,并写明接受宾客通知的时间。

(2) 将电话号码通过话务台锁上,并将此信息准确通知所有其他当班人员。

（3）在免打扰期间，如发话人要求与住客讲话，话务员应将有关信息礼貌、准确地通知发话人，并建议其留言或待取消 DND 之后再来电话。

（4）宾客要求取消 DND 后，话务员应立即通过话务台释放被锁的电话号码，同时，在交接班本上或记事牌上标明取消记号及时间。

（四）挂拨长途电话服务

为了方便住客，饭店通常设计有电话服务指南及常用电话号码立卡（置于房间床头柜上），供住客查阅使用。宾客在客房内直拨长途电话时，计算机会自动计时计费，大大减轻了话务员的工作量。另外，话务员应注意及时为抵店入住宾客开通电话以及为退房结账的客房关闭电话，若团队、会议宾客需自理电话费用，则应将其计入相应的账单。

（五）提供叫醒服务

总机所提供的叫醒服务是全天 24 小时服务，可细分为人工叫醒和自动叫醒两类。其服务程序如下。

1．人工叫醒

（1）受理宾客要求叫醒的预订。

（2）问清要求叫醒的具体时间和房号。

（3）填写叫醒记录单，内容包括房号、时间、（话务员）签名。

（4）在定时钟上准确定时。

（5）定时钟鸣响，话务员接通客房分机，叫醒宾客。

（6）核对叫醒记录，以免出现差错。

（7）若客房内无人应答，5 分钟后再叫一次，若仍无人回话，则应立即通知大堂经理或楼层服务员前往客房实地察看，查明原因。

2．自动叫醒

（1）受理宾客要求叫醒的预订（有的饭店宾客可根据服务指南直接在客房内的电话机上自己确定叫醒时间）。

（2）问清叫醒的具体时间和房号。

（3）填写叫醒记录单，记录叫醒日期、房号、时间，记录时间，话务员签名。

（4）及时将叫醒要求输入计算机，并检查屏幕及打印记录是否准确。

（5）夜班话务员应将叫醒记录按时间顺序整理记录在交接班本上，整理、输入、核对并签字。

（6）话务员应在当日最早叫醒时间之前，检查叫醒机是否正常工作，打印机是否正常打印；若发现问题，应及时通知工程部。

（7）检查核对打印报告。

（8）注意查看叫醒无人应答的房间号码，及时通知客房中心或大堂副理，进行敲门叫醒，并在交接班本上做记录。

典型案例

早晨叫醒服务不周

住在饭店内 1102 房间的周先生在某日晚上九时临睡前从客房内打电话给店内客房服务中心。

客人在电话中讲："请在明晨 6:00 时叫醒我，我要赶乘 8:00 时起飞的班机离开本城。"

服务中心的值班员当晚将所有要求叫醒的客人名单及房号（包括周先生在内）通知了电话总机接线员，并由接线员记录在叫醒服务一览表之中。

第二天清晨快要六点钟之际，接线员依次打电话给五间客房的客人，他们都已起床了，当叫到周先生时，电话响一阵，周先生才从床头柜上摘下话筒。接线员说："早晨好，现在是早晨六点钟的叫醒服务。"接着传出周先生的声音（似乎有些微弱不清）："谢谢。"

谁知周先生回答以后，马上又睡着了。等他醒来时已是 6:50 分了。等赶到机场，飞机已起飞了，只好返回饭店等待下班飞机再走。

客人事后向饭店大堂值班经理提出飞机退票费及等待下班飞机期间的误餐费的承担问题。值班经理了解情况之后，向周先生解释说："您今天误机的事，我们同样感到遗憾，不过接线员已按您的要求履行了叫醒服务的职责，这事就很难办了！"

客人周先生并不否认自己接到过叫醒服务的电话，但仍旧提出意见说："你们饭店在是否弥补我的损失这一点上，可以再商量，但你们的叫醒服务大有改进的必要！"

案例评析：

本案例出现的是叫醒失误的情形，出现叫醒失误的原因主要有以下两个方面。

（1）酒店方面，主要体现在：

① 接线员漏叫；

② 总机接线员做了记录，但忘了输入计算机；

③ 记录的房号太潦草、笔误或误听，输入计算机时输错房号或时间；

④ 计算机出了故障。

（2）客人方面，主要体现在：

① 错报房号；

② 电话听筒没放好，无法振铃；

③ 睡得太死,电话铃响没听见。

叫醒服务是酒店提供的众多服务中的一种,也像其他服务都有其规定的程序。根据案例中的叫醒程序,即使所有程序工作人员都没有失误,却依然发生了客人未被叫醒的情形。客人周先生最后的表态,的确有一定的道理,该饭店在叫醒这项服务上,至少应当做出以下几点改进:

第一,饭店应当确认叫醒服务是否有效。当话务员叫醒客人时,如果觉得客人回答不大可靠,为保险起见,应该过一会儿再叫一次;

第二,如果许多客房的客人要在同一时间叫醒,为了避免叫醒时间的推迟,应当由2~3名话务员同时进行,或通知有关人员直接去客房敲门叫醒客人;

第三,最好在客房服务中心安装一台录音电话,将叫醒服务的通话记录下来,作为证据保存,录音至少应保存两三天,这样遇到有人投诉时便容易处理了。

（六）充当饭店临时指挥中心

当饭店出现紧急情况时,总机房便成为饭店管理人员迅速控制局势,采取有效措施的临时指挥协调中心。话务员应按指令执行任务,注意做到以下几点:

（1）保持冷静,不惊慌。

（2）立即向报告者问清事情发生地点、时间,报告者身份、姓名,并迅速做好记录。

（3）即刻使用电话通报饭店有关领导（总经理、驻店经理等）和部门,并根据指令,迅速与市内相关部门（如消防、安全、公安等）紧急联系,随后,话务员应相互通报、传递所发生情况。

（4）坚守岗位,继续接听电话,并安抚宾客,稳定他们的情绪。

（5）详细记录紧急情况发生时的电话处理细节,以备事后检查,并加以归类存档。

总之,总机房所提供的服务项目视饭店而异,有些饭店的总机房还负责背景音乐、闭路电视、收费电影的播放,监视火警报警装置和电梯运行等工作。

任务 3-3　商务中心服务

商务中心（Business Center）是饭店为客人进行商务活动提供相关服务的部门,是商务客人"办公室外的办公室"。许多商务客人在住店期间要安排许多商务活动,需要饭店提供相应的信息传递和秘书等服务。为方便客人,饭店一般在大堂附近设置商务中心,专门为客人提供商务服务。

一、商务中心的主要服务项目

商务服务内容包括打字、复印、传真、会议服务（包括会议室出租、会议记录等）、翻译、票务、Internet 服务、办公设备出租等业务。

二、商务中心服务人员的素质要求

（1）气质高雅，有良好的外部形象和身材；

（2）性格外向，机智灵活，沟通能力强；

（3）工作耐心细致，诚实可靠，礼貌待人；

（4）具有大专以上文化程度，知识渊博，有扎实的文化功底和专业素质；

（5）英语听、说、笔译、口译熟练；

（6）具有熟练的计算机操作和打字技术，熟练掌握商务中心各项服务程序和工作标准；

（7）熟悉酒店设施、各项服务，了解当地旅游景点和娱乐等多方面的知识和信息。

三、商务中心服务程序

（一）打印/复印服务

1. 主动迎接客人

当客人到来时，接待员主动向客人礼貌问候，如果自己正在忙碌，则向客人表示歉意，请客人稍等；如果接待员正在接听电话，应向客人点头微笑致意，示意客人在休息处稍候。

2. 了解客人要求

（1）向客人了解文稿打印/复印要求，包括排版要求、稿纸规格、打印/复印数量。

（2）迅速阅读原稿，对文稿中不清楚或不明白的地方，礼貌地向客人了解清楚。

3. 接受打印/复印

（1）告知客人完成打印/复印的最快交件时间，同时向客人介绍收费标准。

（2）当不能在短时间完成时，记录客人的姓名、房号和联系电话以便及时与客人联系。

（3）正式复印前，要调试好机器，先复印一份，得到客人认可后再按要求数量进行复印。

4. 校对稿件

（1）打字完成后，要认真进行校对。

（2）请客人校审后，再次按客人要求进行校正，直到客人满意为止。

5．交件收费

（1）将打印/复印文稿进行装订，双手将文稿递给客人。

（2）对打印的原稿，要在征求客人意见后从计算机中删除，并将作废的稿件放入碎纸机中。

（3）按规定价格计算费用，办理结账手续，并送别客人。

特别提示

（1）将作废的稿件放入碎纸机前征求一下客人对稿件的处理意见，若客人同意做粉碎处理再置入粉碎机，并保证处理正常、有效；

（2）别忘了把复印的原件在复印完毕后交还给客人。

（二）传真服务

传真服务可分为发送传真和接收传真两种服务。

1．发送传真服务程序

（1）主动迎接客人。

（2）了解其发送传真的有关信息。

（3）主动向客人问清传真要发往的国家和地区，并认真核对发往国家和地区的电话号码。

（4）主动向客人介绍传真收费标准。

（5）发送传真。

（6）认真核对客人交给的稿件，将传真稿件装入发送架内，用电话机拨通对方号码，听到可以传送的信号后，按发送键将稿件发出。

（7）结账。

（8）将原稿送还客人，按规定办理结账手续。

（9）向客人致谢道别。

2．接收传真服务程序

接收传真分为两种情况，一是客人直接到商务中心要求接收传真；二是接收到传真，要将传真送交客人。对第一种情况，接待员应主动热情地帮助客人，并按规定收取费用。对第二种情况，其服务程序是：

（1）接收传真。接到对方传真要求，给出可以发送的信号，接收对方传真。

（2）核对传真。认真检查传真的字迹是否清楚，页面是否齐全，然后核对传真上客人的姓名、房号，填写传真接收记录，将传真装入传真袋。

（3）派送传真。通知客人取件，或派行李员送交传真。行李员送交传真的程序是：将传真及传真收费通知单交给行李员(有时交给楼层服务员)，请行李员在传真取件单上签名，由行李员将传真交给客人，并请客人付款或在收费通知单上签名。

（4）账务处理。按规定办理结账手续。

 典型案例

一份紧急传真

下午 1:00 时，1605 房间客人来到商务中心，要求传真一份文件。商务中心文员帮助客人正常办理完毕后，客人满意地离开了商务中心。一小时后，客人又来到商务中心，说对方文件是接收到了，但是不清楚。当班员工立即检查了传真机，并跟其他端口测试了传真机之后，证实商务中心的传真机工作正常，分析可能是对方的传真机坏了，所以跟客人解释了原因之后，看客人能否提供别的传真号码。客人很着急，说没有，且他要发送的是一份加急文件，需要马上传过去。这名员工灵机一动，向客人建议，只要对方的 QQ 账号，这边可以将文件扫描之后发给对方，对方打印出来后是一样的。客人立即致电对方，要到 QQ 号后，把文件扫描后发过去了。客人很满意，连连称赞商务中心文员解决了客人的燃眉之急。

案例评析：

首先，当客人说传真过去的文件无法阅读时，商务中心员工并没有与客人争辩，而是赶快检查，并与其他端口的传真机进行测试，确保商务中心的传真机工作正常。

其次，商务中心文员在客人碰到紧急事件时，帮助客人想出其他的解决办法，既解决了客人的燃眉之急，又增加了商务中心的收入。

商务中心文员在每次帮客人传真之后，不能仅仅看传真机上显示的对方已经确认收到。还应该让客人致电对方，确认是否清晰无误等。以免类似情况再次出现，耽误客人的事情。

实训练习

将你对商务中心工作的认识用 A4 纸打印出来，并通过传真的方式发送给任课老师。

要求：

（1）文档格式规范；

（2）传真发送流程正确，能成功发送。

（三）票务服务

票务服务是指饭店商务中心为客人提供订购飞机票、火车票等服务，其服务程序包括以下几点。

（1）主动迎接客人。商务中心票务员应礼貌地迎接客人："先生，需要为您代办飞机票或火车票服务吗？"

（2）登记客人信息。向客人了解并记录订购飞机票（或火车票）的日期、班次、张数、到达的目的地及座席要求，登记在接待簿上。

（3）复述客人信息。把接待簿上的信息重复一遍后，再向客人复述一遍，并请客人留下房间号和联系电话。

（4）订票。商务中心票务员要和机场、火车站等有关部门联系，为客人预订飞机票和火车票。向客人介绍服务收费标准、票价订金收取办法。请客人在订票单上签字并收取订金，向客人说明最早的拿票时间。

（5）送票。根据订票单上的房号或客人的电话通知客人取票，并提醒客人飞机起飞（火车开车）时间。对重要客人，由行李员送交客人。

 典型案例

订错的车票

某日上午10:00，一位客人气冲冲地直奔大堂副理值班处，非常生气地说："前天入住时，我在你们饭店的商务中心订了一张今天上午9:30回北京的火车票。昨天服务员把票交给我时，我正好有一个电话要接，再加上对你们饭店的充分信任，没有查验就把它放到钱包里了。可是今天上午我去火车站，才发现你们给我订的是昨天上午9：30的车票。这完全是你们商务中心的错，我要求赔偿，否则我要投诉。"听了客人的介绍后，大堂副理小陈对客人说："首先我代饭店对给您带来的麻烦表示歉意，您先别着急，请先到大堂吧休息片刻，我马上就调查这件事。"然后，小陈找到商务中心询问那天的情况，正好前天当班的服务员在值班。她记得那天的情景，然而客人究竟订的是哪天的票，却记不大清楚了。小陈要求她立即将订票的存根联找出来，谁知该服务员找了半天却说找不到了。

案例评析：

吸取案例中的教训，饭店应该注意在今后接受客人订票委托时做到以下几点。

（1）酒店服务员在接受客人订票委托时，应该请客人自己填写订票委托单并签字认可。如果客人要求服务员代填，服务员应根据客人的陈述仔细填写，然后向客人复述委托单内容，并请客人核实后签名认可。

（2）客人取票时，服务员应请客人当面核对，并在票务登记簿上签字。本案例中的服务员在送交车票时，没有严格按规定操作，请客人签收核对，致使本来可以提早发现的事情，没有及时发现，错过了弥补失误的最佳时机。

（3）酒店服务人员要注意保存好客人的订票委托单据。如果本案例中商务中心的服务人员能够找到客人订票的存根，责任就很好划分了，大堂副理处理起来就能主动许多。

（4）出现问题后应尽快妥善解决，全力消除客人的不满。如确定是饭店的错误，饭店应给予客人一定的赔偿，并积极采取补救措施。事后还应对相关的责任人进行惩罚，以示警诫，避免再次发生同类事情。如不是饭店的错误，饭店也应该积极帮助客人找到最好的解决方法。

（5）饭店还需加强员工培训，规范服务程序。

（四）Internet 服务

随着 Internet 的发展，上网、收发电子邮件的业务越来越普遍。Internet 服务就是指为客人收发电子邮件、提供计算机上网等电子商务服务，其中发电子邮件是比较常见的服务，其服务程序如下。

（1）主动迎接客人。

（2）了解邮件相关信息。向客人详细了解收件人的 E-mail 地址、客人发送的信件内容和有无附件以及附件的录入方法。同时向客人介绍电子邮件的收费方法。

（3）邮件发送。启动计算机，连接 Internet，打开电子信箱，输入收件人的 E-mail 地址及信件内容。如有附件，则加入附件内容，点击"发送"。需要注意的是，当信件或附件是客人提供的软盘时，首先应对软盘进行杀毒处理。

（4）按规定办理结账手续。

（5）向客人致谢并道别。

（五）翻译服务

翻译一般分为笔译和口译两种，两种服务除服务内容和收费计算方式有所区别外，其服务受理程序基本相同。笔译服务的程序如下。

（1）主动迎接客人。

（2）向客人了解翻译的相关信息。向客人核实要翻译的稿件，问明客人的翻译要求和交稿时间；迅速浏览稿件，对不明或不清楚的地方应礼貌地向客人问清。

（3）翻译受理。向客人介绍翻译的收费标准。当客人确定受理时，记清客人的姓名、房号和联系方式，礼貌地请客人在订单上签字并支付翻译预付款。送走客人后，联系翻译人员翻译文稿。

（4）交稿。接到翻译好的文稿后通知客人取稿。如客人对稿件不满意，可请译者修改或与客人协商解决。

（5）办理结账手续。

（6）向客人致谢并道别。

（六）洽谈会议室出租服务

中华人民共和国《旅游涉外饭店星级的划分及评定》规定，四、五星级饭店商务设施应有可以容纳不少于 10 人的洽谈室。洽谈室服务包括洽谈室出租及客人会议洽谈期间的服务两部分。其服务程序是：

（1）主动迎接客人。

（2）了解洽谈需要的相关服务。向客人详细了解洽谈室使用的时间、参加的人数、服务要求（如座席卡、热毛巾、鲜花、水果、点心、茶水、文具等）、设备要求（如投影仪、白板等）等信息。

（3）出租受理。主动向客人介绍洽谈室的出租收费标准。当客人确定租用后，按规定办理洽谈室预订手续。

（4）洽谈室准备。提前半小时按客人要求准备好洽谈室，包括安排好座席、文具用品、茶具用品、茶水及点心，检查会议设施、设备是否正常。

（5）会议服务。当客人来到时，主动引领客人进入洽谈室，请客人入座；按上茶服务程序为客人上茶；会议中每隔半小时为客人续一次茶。如客人在会议中提出其他商务服务要求，应尽量满足。

（6）结账。会议结束，礼貌地送走与会客人，然后按规定请会议负责人办理结账手续。

（7）向客人致谢并道别。

（8）打扫洽谈室。

任务 3-4　金钥匙服务

一、认识"金钥匙"

（1）"金钥匙"是一种"委托代办"（Concierge）的服务概念。"Concierge"一词最早起源于法国，指古代酒店的守门人，负责迎来送往和酒店的钥匙，但随着酒店业的发展，其工作范围在不断扩大。在现代酒店业中，Concierge 已成为为客人提供全方位"一条龙"服务的岗位，只要不违反道德和法律，任何事情 Concierge 都尽力办到，以满足客人的要求。其代表人物就是他们的首领"金钥匙"，他们见多识广、经验丰富、谦虚热情、彬彬有礼、善解人意。

（2）"金钥匙"是前厅部下设的一个岗位，归前厅部经理直接管理。"金钥匙"的全称是"国际饭店金钥匙组织"（UICH），是国际性的饭店服务专业组织。

（3）"金钥匙"（Les Clefs d'Or）通常身着燕尾服，上面别着十字形金钥匙，这是委托代办的国际组织——"国际饭店金钥匙组织联合会"（Union International Concierge Hotel Les Clefs d'Or）会员的标志。"金钥匙"的标志为垂直交叉的两把金钥匙（见图2-2），代表两种职能：一把金钥匙用于开启饭店综合服务的大门；另一把金钥匙用于开启城市综合服务的大门。也就是说，饭店金钥匙成为饭店内外综合服务的总代理。它象征着"Concierge"就如同万能的"金钥匙"一般，可以为客人解决一切难题。

图 2-2　金钥匙标志

（4）国际金钥匙组织的服务哲学是：尽管不是无所不能，但一定要竭尽所能。在现实中，"金钥匙"通常身穿燕尾服，上面别着交叉金钥匙，它象征着委托代办就如万能的金钥匙一般可以为客人解决一切难题，所以"金钥匙"被客人视为"万能博士""百事通"及解决问题的专家。

（5）"金钥匙"是现代饭店个性化服务的标志，是饭店内外综合服务的总代理，也是礼宾服务的极致，能够满足客人的各种个性化需求。有"金钥匙"的饭店能够让客人感到"宾至如归"。

二、"金钥匙"的素质要求

（1）忠诚；

（2）通晓多种语言；

（3）有热心的品质和丰富的知识；

（4）彬彬有礼，善解人意；

（5）身体强健，精力充沛；

（6）有耐心，热爱本职工作；

（7）处事机智老练，应变能力强；

（8）能够建立广泛的社会关系和协作网络。

三、"金钥匙"的发展历程

1. 国际部分

（1）金钥匙的产生——1929年，诞生在法国，以费迪南德·吉列特为代表；成立了一个城市中饭店业委托代办的组织，命名为"金钥匙"。

（2）1952年，正式成立欧洲"金钥匙"组织，总部设在巴黎。

（3）1972后在西班牙举行的第二十届国际金钥匙年会上发展成为一个国际性的饭店服务专业化组织。

（4）第一任国际饭店金钥匙服务组织主席——费迪南德·吉列特，其儿子让·吉列特是目前国际饭店金钥匙组织的法人。至今共有11位不同国家的饭店金钥匙被推荐为国际饭店金钥匙协会的主席,现任主席为美国人玛佐丽·苏活曼女士。

2. 国内部分

(1) 第一位中国金钥匙的诞生。1990 年年底,白天鹅宾馆前台部礼宾部负责人叶世豪加入了国际金钥匙组织,成为香港区的会员。

(2) 第一次服务研讨会。1995 年 11 月 3 日至 6 日,第一届中国饭店委托代办研讨会在广州白天鹅宾馆和从化培训中心举行。勾画出中国饭店金钥匙组织的雏形。孙东被选为中国区首席代表。

(3) 1997 年 1 月,第 44 届年会正式宣布吸纳中国成为 UICO 第 31 个成员国。

(4) 1999 年,中国饭店金钥匙组织作为中国旅游饭店业协会下属的一个专业委员会申请成立。

(5) 2000 年,第 47 届国际金钥匙组织年会在广州成功召开;到目前为止,中国共有 1600 多名金钥匙成员,主要集中在高星级酒店。

四、"金钥匙"委托代办服务内容

委托代办服务是饭店为了方便住客而设立的一个服务项目,饭店各个部门都有义务承担客人的委托代办服务。饭店为客人提供委托代办服务,一方面要设置专门的表单,如"委托代办登记单"(见表 2-29)、"订票委托单"等;另一方面要制订委托代办收费制度,一般饭店内的正常服务项目和在饭店内能代办的项目不收取服务费。

表 2-29 委托代办登记单

姓名		房号		日期	
委托事宜					
备注					
委托人联系电话			经手人签名		

1. 接车(机)服务

有些客人在订房时,会声明需要接车服务,并事先告知航班(车次)、到达时间,选定接车车辆的类型。饭店在车站、码头、机场设点,并派出代表接送。接送抵离店的客人时,应遵循既定的程序(详见本章第一节酒店代表店外迎送服务内容)。

2. 传呼找人服务

来访客人到问讯处要求帮助查找某一住客,问讯员应请行李员协助解决。行李员将住客姓名写在寻人牌上,并在饭店公共区域、餐厅举寻人牌寻找该住客,寻人时可敲击寻人牌上的低音量铜铃,铜铃声会吸引客人关注,从而便于找到住客。

3. 转交物品

转交物品分住客转交物品给来访者和来访者转交物品给住客两种。如果是住客转交物品给来访者,住客要提供来访者的姓名,待来访者认领时,要请其出示有效证件并签名。如果是来访者转交物品给住客,首先要确认本店有无此住客;若有此住客,出于客人安全考虑,一定要认真检查物品;最后填写留言单通知住客前来领取。

4. 预订出租车服务

出租车可以是饭店自有的,也可以是出租汽车公司在饭店设点服务的,还可以是由行李员及前厅部其他员工用电话从店外预约的。当客人要求订车时,应告知客人有关手续和收费情况。出租车到达大门口时,行李员要向司机讲清客人的姓名、目的地等,必要时充当客人的翻译向司机解释客人的要求。为避免客人迷失方向,可填写一张"向导卡"(Please drive me to)给客人,在卡上注明客人要去的目的地。卡上印有本饭店的名称、标识及地址。如果客人赶飞机或火车,行李员还应提醒客人(特别是外宾)留出足够的时间提前出发,以免因交通阻塞而耽误了行程。

5. 订票服务

订票服务是为住客代购飞机票、船票、车票、戏票等服务。礼宾部要熟悉本地机票代理、火车站、码头、戏院、音乐厅等的地址、电话及联系人。在接到订票电话时,要问清客人的要求并明确如该要求无法满足时,可有何种程度的变通系数或取消条件。

(1) 了解客人的订票要求,让客人填写订票委托单,内容包括日期、起点、目的地、班次、服务等级及客人姓名、房号及证件号码等。

(2) 确定付款方式,如预收了客人的订票款,应在订票委托单上注明;如需饭店垫付,则要将收据交前厅收款处,记入客账,待客人退房时,一并结算;关于是否收取订票手续费及收费标准等,应向客人当面说明。

(3) 确定购票渠道,购票渠道大致有 3 种:直接向航空公司售票厅购买;请旅行社代办;从饭店票务中心计算机票务预订系统上购买。

(4) 如饭店已尽全力仍不能保证有票,则须向客人说明情况,并问清能否改买其他日期车次或班次的票。

(5) 取到票后,应把票装在饭店专用的信封内,并在信封上写明日期、车次(班次)、票价、客人姓名、房号、预收款数及应找零款数。

(6) 通知客人取票。客人凭委托单顾客联取票;把上述信封交给客人,请客人当面核对;所付的预付金,多退少补,并当面点清。

(7) 如饭店未买到票应向客人道歉,并尽量为客人提供其他帮助。

(8) 如果客人订了票又要退票,则应按交通部门有关规定办理。

6. 快递服务

(1) 了解物品种类、重量及目的地。

(2) 向客人说明有关违禁物品邮寄的限制。

（3）如系国际快递，要向客人说明海关限制和空运限制。

（4）提供打包和托运一条龙服务。

（5）联系快递公司上门收货（联邦快递、DHL 和国内的 EMS）。

（6）记录托运单号码。

（7）将托运单交给客人，并收取费用。

（8）贵重或易碎物品交专业运输公司托运。

7. 旅游服务

饭店礼宾部应建立旅游景点和旅行社档案，因地制宜地推荐和组织客人旅游。有些饭店设有专门的旅游部为住客提供旅游服务，礼宾部员工获悉客人旅游要求后，应进行如下事项：

（1）登记客人的姓名、房号、日期及人数，掌握客人的基本情况。

（2）向客人推荐有价值的旅游线路。

（3）向旅游公司或旅行社预订，为客人联系声誉较好的旅游公司或旅行社。

（4）告知客人乘车地点及准确时间。

（5）向客人说明旅途注意事项。

8. 代订客房

住店客人有时会要求饭店代订其他城市的客房，对于这类要求，饭店应尽量满足，一般由订房部或礼宾部去完成。

（1）登记住客姓名、房号、联系电话。

（2）详细了解客人要求，如饭店的名称、位置、客房和床的类型、到达和退房日期及有无特殊需要等。

（3）明确客人预订担保条件，通常要求将客人信用卡的有关信息传递给对方饭店，如信用卡的号码、有效期、持卡人姓名等，以作为客人入住第一晚费用的担保。

（4）向客人指定的饭店订房，须要求对方书面确认。

（5）将书面确认单交给客人。

9. 订餐服务

（1）了解客人的订餐要求，如菜式种类、餐厅要求、用餐人数、用餐时间等。

（2）尽量与客人面谈后再推荐餐厅。

（3）向有关餐厅预订并告知订餐要求。

（4）记录对方餐厅的名号、地址、订餐电话，并转告住客。

10. 外修服务

（1）登记客人的姓名、房号，了解所需修补物品的损坏程度、部位及服务时限和费用限额。

（2）向客人说明一切费用由客人支付，包括维修费、服务费及路费等。

（3）做到准确及时、手续清楚，各项费用单据齐全、符合规定。

（4）将修好的物品及所有单据交给客人，并做好登记工作。

11. 雨具提供及保管服务

（1）一些高星级饭店在客房内备有雨伞，供住客免费使用，但不能带走。

（2）下雨天，客人上下车时，门卫提供撑雨伞服务。

（3）下雨天，来宾的湿雨伞、雨衣若不采取任何措施便带进饭店，很容易将大堂地面及走廊地毯弄湿。为了避免此类事情发生，饭店在大门口设有伞架，并可上锁，供客人存放雨具，或者配置雨伞、雨衣打包机，给雨伞、雨衣裹上塑料装，方便客人携带。

 典型案例

客人满意加惊喜，金钥匙的服务标准

今年 25 岁的小徐 2008 年来到海情大酒店，一直在前厅做服务工作。与他一同来酒店的服务生因为耐不住这份工作的枯燥和琐碎，而相继转行了，只有小徐，在这个岗位上一干就是 7 年。7 年来，他以比对待亲人还亲的感情，对待每一位向他求助的客人，赢得了客人的称赞。

顶着烈日找护照

2015 年 7 月的一天中午，天气异常炎热。一位住店客人反映他的护照不知何时丢失，希望小徐帮助查找。小徐在酒店找了半天却没有结果，之后他请客人回忆一下曾经去过什么地方，并告诉客人："你放心吧，我会尽力帮你找到护照。"整整一下午，小徐顶着烈日，骑着自行车，逐一到客人曾经去过的地方查找，终于在一家酒吧找到了客人的护照。

解下腰带给客人

一天上午，像往常一样，小徐正在酒店大堂巡视着，随时准备为客人提供帮助。这时匆匆跑过来一位客人。原来客人的腰带扣突然断了，想请小徐帮忙救急。考虑到客人马上要随团出门旅游，小徐随即将客人领到卫生间，将自己的皮带解下来，请客人先解燃眉之急。客人高兴地随旅游团旅游去了，小徐给自己找了根绳当作腰带系上，又开始为客人忙碌起来。等晚上客人回到酒店，小徐已将客人的皮带扣修好，放到了客人的房间，令客人十分感动。

案例评析：

本案例就是有关金钥匙服务中所倡导的"满意加惊喜"的服务标准的实际运用。酒店前厅服务就是使客人"满意加惊喜"，让客人自踏入酒店到离开酒店，自始至终都能感受到无微不至的关怀和照料，而小徐则努力成为一个客人旅途中可以信赖的朋友，一个可以帮助客人解决麻烦问题的知己，一个个性化服务专家。这也是国际饭店金钥匙组织对金钥匙的品质的要求:他们是酒店内外综合服务的总代理,见多识广、经验丰富、谦虚谨慎、热情、善解人意,是客人遇到问题首先会想要求助的人。

任务 3-5　行政楼层服务

行政楼层(Executive Floor),又称商务楼层,是高星级酒店(通常四星级以上)为了接待高档商务消费客人,向他们提供特殊的优质服务而专门设立的楼层。

行政楼层为誉为"店中之店",酒店中的"头等舱",隶属于前厅部,一般处于饭店大厦的最上部两层,房间多数为 70～100 间,设有专门的接待大厅,英文名称为Lounge,又叫超级沙龙(Executive Salon)。入口处设有接待吧台,由专职服务人员负责登记开房、结账退房、信息咨询、侍从陪护(Escort);另外还提供办公设备出租。在专用大厅(Executive Salon),一般早晨提供欧陆风情早餐(Continental Breakfast),下午 3:00～5:00 提供茶点服务,6:00～7:00 提供鸡尾酒服务。

一、行政楼层与其他楼层的区别

1. 对设备设施的要求

虽然商务楼层的客房样式、大小与普通客房无异,但提供的日用品及商务楼层客房室内的装潢较为高级。

(1)提供各种商务设备设施,如语言信箱、信息网络、视听设备、电话答录设备以及复印、传真等设备。商务楼层上的商务中心服务功能要全,环境要好,服务时间要长。

(2)提供各种先进的会议设施。入住商务楼层的客人可能召开各种会议,如研讨会、论坛、讲座、培训、会谈等,因此商务楼层应设置相应的大小不同的会议场所及配备相应的设施设备。如会场有各种信源接口,具有同声翻译系统、电子投票系统、多媒体咨询系统、声像播放系统和电子白板系统等。

(3)对客房设备设施的要求。客房的写字台和床头照明应更亮一些,从照明来看,一间标准商务客房的光源以 5 盏为宜(不含卫生间),且应达到便于工作的足够亮度。客房内的办公桌相较于普通客房更大更好,上面放置传真机和打印机,并配有调制解调器和安装了更多的插座。条桌前有靠背椅子,在写字台上有电话和国际互联网接口。这样,客人在客房里办公时,就可以很方便地使用笔记本电脑收发电子邮件,在互联网上交流信息。在伏案写字时也不必再起身到床头去接听电话。马里奥特将集团属下的"工作客房"内设计了可伸缩的写字台,座椅是可调节高度的靠背旋椅,床头柜成为集空调、电视、灯光到窗帘启闭于一体的电子控制中心。

注重通过客用品的材料和色调等来增强家居感。客房内家具成套化、组合化,多用木质材料,多软色调,多采用棉织品、手工织品和舒适的纤维编织品。

讲究卫生间的布局、设置。卫生间要有宽大的盥洗台、由大理石砌成的优质地面和台面、各种用途的镜子、更良好的照明和通风等。其布局分为三个区域:第一个区域是梳妆台和壁橱;第二个区域是封闭的沐浴,浴缸和抽水马桶;第三个区域是洗脸池,大小镜子,并配以明亮的灯光。有的卫生间还把抽水马桶单独隔离,这样既照顾住客隐私,又提高了卫生间的利用效率。配备新型的洗浴设备——旋涡造浪浴缸、温泉浴盆、按摩浴缸。喷淋头的水量可以从喷细雾到冲力按摩,客人通过计算机可自由调节高度,如不想把头发弄湿的客人可把喷淋头调到头下的高度,更有趣的是,计算机将"记住"客人的任何选择。北京友谊宾馆贵宾楼商务楼层卫生间的洁具是世界一流的,水龙头是从德国进口的目前最先进的自动恒温节能型龙头。为方便客人,还放置了健身器材。除这些先进设备外,还有特殊的文化环境,其显著特征有以下几点:①大理石与瓷砖仅占极小比例,大部分墙面饰以艺术壁纸,活泼、鲜艳。②墙上挂有艺术浮雕、艺术壁毯和(或)其他艺术挂件,作为点缀。③卫生间不论处于客房中哪个位置,至少有一面墙采用玻璃砖,透光线而不透人影。这样做使卫生间的亮度陡增,视线宽敞,压抑和局促感顿消。④浴缸水龙头一侧的内墙沿缸走向再延伸开出一条一指宽的空隙,内有光线射出。⑤盥洗台上有干花制成的艺术花束插在玻璃制的艺术花瓶里。⑥水龙头摒弃镀金饰银、珠光宝气式的款式,选择了典雅的艺术图案造型。

(4) 对客房面积的要求。商务楼层应尽可能为客人提供宽敞的活动空间,一般来说,标准间的面积为20平方米左右。如凯悦豪华间的面积在31平方米左右;卡尔森球球酒店集团下属饭店的单人间面积为29平方米,双人间为31平方米。

2. 对服务的要求

入住商务楼层的客人除希望得到一般宾客"家外之家"的享受外,更希望得到"公司外公司"的服务,即提供其公司从事公务活动所需要的服务,如管理服务、经纪服务、信息服务、文秘服务、交通服务、休闲服务和保健服务。他们欢迎专门的早餐和酒吧;他们要求有适当的洽谈公务的场所,齐全的娱乐健身设施,如健身房、网球场、游泳池、桑拿浴等。要求房间内提供更多的文具,有保险柜、供会客用的额外的椅子等。他们对传真、电话、计算机、打字、复印、秘书等商务服务有很高的要求,并要求具备快捷方便的通信手段。他们对价格和付款方式往往不太注重;对叫醒服务、邮件传递服务、洗熨衣服务等较其他客人有更多的要求。

价格昂贵的行政楼层实行了许多特别的服务,如"单独入住登记"。在这里,客人不用按传统的排队办理入住手续,设有客人专用座椅,客人可边办手续边休息,酒店往往也同时为客人提供免费的酒水和饮料以供客人在长途旅行之后消除疲倦和解渴,这里的服务员都是经过专门训练的高级职员,外语娴熟,谈吐优雅,而且反应敏捷,能在最短的时间里办好所有事项,能尽可能通过与客人更多的沟通、交流来提供个性化服务;还有"推迟离店时间",即离店结账时间一直延续到下午 6 点,完全符合商务客人的活动规律。

提供个性化服务是商务楼层客人的普遍要求,酒店根据对客人详细的资料收集,尽可能地提供针对性的服务,达到服务的高水准。对于入住商务楼层的客人,酒店应通过网上信息平台获取客人的兴趣与偏好,针对客人的个性化需求和自身能力重新整合酒店产品,全面提升对客服务和酒店管理,充分体现酒店与顾客共同设计产品的特色,客人们在自己参与"设计"的酒店里,会得到最大程度的满足。例如,威斯汀酒店发现顾客在登记入住时期望更多的个人接触,并且喜欢参与登记注册过程,他们便发起一项"PODS"活动,"PODS"是"提供区别服务的人们(PEOPLE OFERING DISTINCTIVE SERVICE)"的缩写。"PODS"的优势是消除了心理障碍,让员工提供友好,个性化的服务。夏威夷 WAIKOLOA 凯悦酒店为给顾客提供多项选择,如果你是一个赛车迷,你随时可以坐上一辆法拉利赛车在 WAIKOLOA 的私人赛车场上尽兴。如果你想同海豚一起游泳,WAIKOLOA 凯悦酒店可以为你提供与受过训练的海豚一起探测珊瑚礁的机会。马里奥特的庭院酒店引进自我客房服务。顾客通过电话向厨房点菜,菜准备好后客人自己到厨房去取。还有酒店利用音像设备把酒吧的顾客变成歌星。希尔顿集团针对商务旅游者的特点,提供了个性化服务,像快速入住、退房,优先订房,并提供全球速递服务,即把旅客的邮件专人送到世界各地 145 个城市内的任何指定的地点,时间只需 24~72 小时。

此外,从金钥匙的委托服务衍生出专为商务客人提供计算机技术服务的"技术侍从"(TECHNOLOGY BUTLER)。一旦客人的笔记本电脑遇到麻烦或其他电子技术问题,这些计算机天才们可随叫随到,当即排除故障,保证客人顺利工作。在著名的四季酒店集团和丽晶集团则撰造出一个新名词——COMPCIERGE,由计算机和金钥匙两个单词各取一半,拼构而成,意即"计算机金钥匙"。

3. 对安全的要求

入住商务楼层的客人尤其是商务客人都希望客房安装电子门锁,甚至要求电话、传真加装保密装置,以防止泄露商业机密。高档的公务客对商务楼酒廊等公共区域或会议室,也会提出安全和保密的要求。在美国和香港酒店公务楼层的电梯服务有些特别,如不使用公务楼层客房的房门钥匙,电梯则不会在公务楼层停下来,这是出于对该层客人的保护考虑的。商务楼层客房多采用电子门锁也是为了提高酒店商务楼层的安全性、可靠性,因电子门锁对每次开启均有记录,可以有效地防止内部盗窃。如果发生电子锁卡丢失,也不必像以前那样兴师动众地将这间客房当坏房处理,再换锁芯、配钥匙,只要对电子门锁重新设定就可以了。酒店还可以设定电子门锁的使用时效,提醒客人结账时间。

二、行政楼层服务程序

1. 客人入住接待

（1）客人在大堂副理或 G. R.（宾客关系主任）陪同下走出电梯来到商务楼层服务台后，行政楼层经理或主管应微笑站立迎客并自我介绍，请客人在接待台前坐下。

（2）将已准备好的登记表取出，请客人签名认可，注意检查并确认客人护照、付款方式、离店日期与时间等内容。

（3）将已经准备好的欢迎信及印有客人姓名的烫金私人信封呈交给客人，并递送欢迎茶，整个服务过程不超过 5 分钟。

（4）主动介绍商务楼层设施与服务项目，包括早餐时间、下午茶时间、鸡尾酒时间、图书报刊赠阅、会议室租用服务、商务中心服务、免费熨衣服务、委托代办以及擦鞋服务等。

（5）走在客人左前方或右前方引领客人进房间；告诉客人如何使用钥匙卡，同时将欢迎卡交给客人；介绍房内设施，预祝客人居住愉快。

（6）通知礼宾部行李员，10 分钟内将行李送至客人房间。

2. 早餐服务

（1）称呼客人姓名并礼貌地招呼客人；引领客人至餐桌前，为客人拉椅子、让座；将口布打开递给客人；礼貌地询问客人是用茶还是咖啡。

（2）礼貌地询问客人在结账处结账还是将账单送至收银台。

（3）客人用完餐离开时，应称呼客人姓名并礼貌地告别。

（4）统计早餐用餐人数，做好收尾工作；配合客房部服务员做好场地清理工作。可根据计算机提供的住店客人名单确认用餐客人姓名；餐具在客人用过后 1 分钟撤换；始终保持自助餐台整洁。

特别提示

配合餐饮部专职人员，在开餐前 10 分钟做好全部准备工作，包括将自助餐台摆好、将食品从厨房运至餐厅、将餐桌按标准摆放、更换报纸杂志、调好电视频道、在每张餐桌上放好接待员名片等。

3. 下午茶服务

商务楼层免费下午茶服务时间为每天 16:00~17:00。

（1）提前 10 分钟按要求准备好下午茶台，包括茶、饮料和小点心等。

（2）微笑、主动地招呼客人；引领客人至餐台前，为客人拉椅子、让座，并询问房号，请客人随意饮用。

（3）注意观察，客人杯中饮料不足 1/3 时，要及时询问、续添，将用过的杯盘及时撤走。

（4）在 17：00 下午茶结束 5 分钟前，通知客人免费服务即将结束。

（5）客人离开时应向其表示感谢，并与客人道别。

（6）填写记录表，如客人消费超过了免费时间，将费用记在客人账户上，账单由客人签字后记在客人账户上。

4．鸡尾酒会服务

商务行政楼层每天 18：30～19：30 为客人提供免费鸡尾酒服务。

（1）提前 10 分钟做好全部准备工作，在桌上放置服务员名片。

（2）微笑、礼貌地招呼客人，引领客人至酒台前，为客人拉椅子、让座。

（3）客人离开时应向其表示感谢，并与客人道别。

（4）将客人朋友的消费账单记入客人账目中。

（5）填写记录表，下班前应统计酒水数量，在盘点表上做好记录并根据标准库存填写申领单。

5．退房结账服务

商务楼层的客人大多享受饭店提供的快速结账离店服务，在商务行政楼层服务台和房间内均可办理结账服务。

（1）提前一天确认客人结账日期和时间。

（2）询问客人结账相关事宜，如在何地结账、用何种付款方式、行李数量、是否代订交通工具，并及时检查酒水。

（3）将装有客人账单明细的信封交给客人；请客人在账单上签字，将第一联呈交客人；询问客人结账方式，如果付外币，请客人到前厅外币兑换处办理，如需刷卡，则使用刷卡机。

（4）通知行李员取行李，代订出租车。

（5）询问是否需要做"返回预订"。

（6）感谢客人入住并与之告别。

 延伸阅读

商务楼层的发展趋势

随着时代的发展，商务客房正在不断强化全面服务，新的品牌层出不穷：马里奥特酒店集团推出"工作客房"，威斯汀集团推出"宾客办公室"和"2000 年客房"，凯悦集团推出"商务计划"，希尔顿集团推出"新花园旅馆"，等等。这些酒店产品的共同点在于提供的服务更加全面，更加周到，更加细致。

1．增强商务楼层客房内商务设备设施的自助化程度

随着计算机技术和互联网的发展，有一部分过去由酒店商务中心提供的服务，

现在可以通过笔记本电脑来完成。因此，在商务楼层客房里提供高速互联网的连接，对客人来说，已显得越来越重要。万豪国际酒店集团旗下的酒店在客房里提供24小时的 STSN 高速互联网服务，上网速度是传统拨号的50倍，且可直接上网。STSN 系统还提供酒店设施、服务项目、餐馆特色、旅游景点、购物指南等详尽资料。同时客人还可方便地访问自家公司的网站、收发电子邮件、使用程序，从而使酒店真正成为客人旅行在外的办公室。有些高档酒店还在商务楼层的客房里配备打印机、复印机和传真机。

随着网络技术的发展，商务客房将宽带 PI 网和 PI 电视直接连入每一间客房。客人在客房里可以上网浏览各种网页，查阅酒店服务和自己在酒店里的账单。酒店的客房将成为 ONLINE ROOM（在线客房），具有 INTERNET 接口；同时将调整条桌的高度，以便于客人商务办公使用。使用电子控制客房 MINI 吧。在酒店的各消费场所使用联网的计算机终端，不断汇总客人在各个场所的消费金额，并通过计算机系统挂账至客人的账户里。这提高了结账的效率和准确率。如假日酒店的 LANMARK 系统就具备这个功能。客房服务员检查好 MINI 吧后，可以利用客房电话机输入代码，将客人消费 MINI 吧的有关信息直接通过电话线路传输到客人账户里。这样，前台员工就可以腾出接听电话的时间专心接待客人了。国外一些酒店的 MINI 吧还具有类似自动售货机的功能，可以自动记录客人的消费情况，并直接挂账至客账中，而无须客房服务员再去检查。

酒店客房采用多功能红外电子遥控器来取代固定在床头柜上的控制面板。这种电子控制器可以对客房里的照明灯具、音响、电视机、空调、窗帘等进行全方位遥控。它可以拿在手上，使用起来非常方便。

2. 未来的商务楼层客房将提供以下产品

（1）光线唤醒。由于许多人习惯根据光线而不是闹铃声来调整起床时间，新的唤醒系统将会在客人设定的唤醒时间前半小时逐渐增强房间内的灯光，直到唤醒时刻的灯光亮得像白天一样；

（2）无匙门锁系统，以指纹或视网膜鉴定客人身份；

（3）虚拟现实的窗户，提供由客人自己选择的窗外风景；

（4）自动感应系统，光线、声音和温度都可以根据每个客人的喜好来自动调节；

（5）"白色噪声"，客人可选择能使自己感到最舒服的背景声音；

（6）客房内虚拟娱乐中心，客人可在房间内参加高尔夫球、篮球等自己喜爱的任何娱乐活动；

（7）客房内健身设备，以供喜爱单独锻炼的客人使用；

（8）电子控制的床垫，可使不同的客人都得到最舒适的床上感受；

（9）营养学家根据客人身体状况专门设计的食谱。

3. 增设女子商务楼层

近年来随着妇女就业比例的日益提高,女性商务客人逐渐引起人们的重视,不少酒店设立女性行政层的做法很受女性商务客人的欢迎。澳大利亚悉尼 BOND STREET 公寓酒店,为女性旅行者特设两层楼,房间内的用品包括浴袍、拖鞋、各类杂志以及女性用品和礼物。针对商务的性质,公寓对客人提供全套酒店式服务,直拨电话、留言系统、个人传真、互联网、电视、录像机、音响及付费闭路电视等设施一应俱全。

4. 客房商务化(ROOM-AS-OFFICE)的发展趋势

目前客房商务化的趋势仍有增无减,越来越多的酒店在所有的客房内都开始安装传真机、两条以上的电话线、与电话接驳的打印机、INTERNET 的接口等,但商务楼层因其在面积、装潢、设施上的优势,仍明显胜出一筹,对大公司和有身价或有专门需要的客人,商务楼层有它针对性的客源市场,仍会长盛不衰。

(资料来源:陈雪琼,等.商务楼层的起源与发展[J].桂林旅游高等专科学校学报,2002(3).)

任务 3-6 处理宾客投诉

酒店工作的目标是使每一位客人满意,但事实上,无论是多么豪华、多么高档次的酒店,也无论酒店管理者在服务质量方面下了多大的功夫,总会有些客人在某个时间对某件事、物或某个人表示不满,因此,投诉是不可避免的。这时,客人可能找大堂副理投诉,也可能直接去找总台服务员或任何一位服务员投诉,以发泄心中的不满,这时,酒店工作人员要正确接待和处理客人投诉,因为这对提高酒店服务质量与管理水平,赢得回头客,具有重要意义。

一、投诉的概念

投诉是指宾客对酒店的设备、服务等产生不满时,以书面或口头方式向酒店提出的意见或建议。

二、投诉的种类

按投诉的来源及方式可分为电话投诉、书信投诉、传真投诉、当面投诉等;按投诉的途径和渠道可分为直接向酒店投诉,向旅行社代理商投诉,向消费者协会投诉,向工商局、旅游局、旅游质监所等有关政府部门投诉,用法律诉讼方式起诉,利用社会舆论施压等。

三、投诉的原因

饭店引起客人投诉的原因很多,既有主观方面的因素,又有客观方面的原因。

（一）服务态度和服务质量的原因

1. 不尊重客人

不尊重客人是引发宾客投诉的重要原因,主要表现在以下几个方面。

（1）服务不主动、不热情。在工作时间内,有的服务员喜欢扎堆聊天,说东道西,对客人的服务不够积极主动、热情周到,影响客人的感受,引起客人不满和投诉。

（2）举止不文明。在工作场合,服务人员倚门靠墙、抠鼻挖耳等不雅行为会让客人对饭店的服务和品质产生疑问;进入客房之前没有经过客人的同意,发现有人后再慌忙退出等违规操作行为,既让客人受到惊吓,又使客人感到隐私受到侵犯,肯定令客人大为恼火。

（3）语言欠修养。语言作为人际沟通中的一种重要手段,直接体现出服务人员的素质和修养。在饭店对客服务中,服务人员应注意使用敬语和尊称,同时注意说话的语气、语调、音量等,避免说话时态度生硬、言语无礼、顶撞客人,无论在任何情况下都不能与客人发生争吵,辱骂客人等。

（4）不尊重客人的风俗习惯。饭店的客人来自五湖四海,不同国家和地区的人在饮食、文化、风俗习惯等方面存在着很大的差异。如果饭店员工不了解客人特定的文化习俗,就可能出现一些令客人感到非常不满意的情况,因此,饭店员工应当具备丰富的接待知识和文化,并且要善于观察,尊重客人的文化及风俗习惯等,根据客人的需求提供针对性的服务。

2. 工作不负责任

工作不负责任引起的投诉主要是指员工在服务工作中马虎、不细致、不讲求服务质量而引起客人的投诉,主要表现在以下几个方面。

（1）待客不主动、不认真,服务效率低下。因工作倦怠或其他因素,对客人的需求视而不见,不能主动高效地做好接待服务工作,是引发客人投诉的重要原因。如行李员看见客人有大量行李,却不能主动上前提供服务;运送客人行李过程中,将行李箱弄坏或送错房间等。

（2）服务承诺没有兑现。因服务人员的疏忽大意而使客人无法得到已承诺的服务,如预订房间后到达时却没有房间可以提供,客人要发的传真或机票没有落实到位,需要叫早服务的客人却忘记了叫早等。当饭店出现此类问题时,势必会给客人造成一定的物质和精神损失,引发客人的投诉。

（3）清洁卫生质量不合要求。无论是前厅还是客房等服务部门,因饭店清洁卫生不合要求而引发客人投诉的情况屡见不鲜,尤其是对于初上岗的员工,对服务质量和标准理解不到位,很容易出现卫生不达标的情况,让客人生理和心理上无法承受,提出不满或投诉。此外,员工的个人卫生状况也是饭店服务质量的一个体现,不管是面容、头发、手部还是服装、鞋袜等的清洁、整齐程度直接影响着客人的感受。

（二）饭店设施设备的原因

饭店的设施设备是为客人提供各项服务的基础,是服务质量和服务水平的物质保障,如果饭店的设施设备不配套、功能不完善、出现故障都会对客人造成不便甚至伤害,从而引起客人的投诉。如空调的效果不好、卫生间有异味、房间的隔音效果差等,都是饭店客人经常投诉的问题。

 典型案例

投诉酒店网络问题

某房间客人晚间致电当班大堂副理强烈投诉酒店网络问题影响其发送邮件。经查该客是某公司采访组的记者,要给报社发送一份非常重要的文稿,定稿时间为24:00,此时客人焦急万分,大堂副理即同计算机主管至房间向客人了解情况,经计算机主管诊断,该网络不稳定导致的网络断线是由于酒店这间客房的路由器出现了一点小故障,短时间内没法修复,且此时酒店已客满,无其他空房,无法换房。

案例思考：如果你是大堂副理,你会怎么做?

案例分析：

大堂副理了解情况应后先宽慰客人,表示一定会在最短时间内解决客人发邮件的问题并提出解决方案。方案一：大堂副理借用U盘给客人让其拷贝文稿,再至商务中心发送(商务中心可正常上网);方案二：请客人携笔记本电脑至商务中心上网。同时对网络不稳定暂不能马上修复的情况告之客人,对此造成的不便求得客人谅解并向客人赠送酒店致意品,同时做出在有空房立即为客换房的决定。

同时,大堂副理应协同计算机主管对全酒店网络进行全面检测,观察其他场所是否存在此情况,若有,做好应急准备与对客解释。

因酒店设施设备问题引起的宾客投诉是酒店投诉类型中最常见的一种,对此类投诉酒店除了加强对设施设备的维护保养外,更需要有行之有效的应急预案,这就要求现场管理人员有较高的灵活应变能力,对一些突发事件及投诉能快捷地做出反应,制订出解决方案。此例中大堂副理在接到此投诉后,在设施设备无法立即恢复的情况下,即提出了一些取代办法来解决宾客发邮件的问题。

（三）对饭店有关服务政策的投诉

客人在店消费期间有时会对饭店相关的服务政策提出疑问或投诉,如收取押金、留宿客人等,这些往往都是因为客人对饭店的相关规定不了解或误解而造成的,在这种情况下,接待人员应耐心地向客人解释清楚,以消除客人的疑虑和不满。

(四) 饭店管理不善的原因

此类投诉主要是由于饭店在管理过程中因自身的制度或操作程序不合理或不规范而引起的,如客人在入住登记时总台没有告知有关贵重物品寄存的事宜,客人物品在房间内遗失;客房冰箱内过期没有更换等问题的投诉。

除此之外,一些意外事件,如交通、天气、地震、台风等也会引发客人的投诉,对此饭店应做好安抚工作,稳定客人的情绪,适当给客人以补偿。

四、客人投诉的心理分析

客人的投诉原因多种多样,投诉心理也各不相同,有的希望在精神上得到弥补,有的希望在物质上得到赔偿,有的希望饭店能够引起足够的重视,改善和提高服务水平,等等。

1. 求发泄心理

当客人觉得自己在消费饭店产品和服务过程中,现实与期望有差距时,便会产生内心的强烈不满,寻求一种发泄,从而获得心理上的平衡。

2. 求尊重心理

每位客人都觉得自己很重要,希望饭店能够对自己有足够的重视和尊重,得到内心的满足。

3. 求补偿心理

当客人在物质或精神上受到损失后,希望饭店能够对自己有所补偿,比如道歉、折扣、赠送物品等。

4. 求公平心理

寻求一种"物有所值"的心理,希望自己所付出的与饭店所给予的相匹配。

五、处理投诉的原则

在处理客人投诉的过程中,饭店方面要注意把握以下几个原则。

1. 真心诚意地帮助客人解决问题

应理解客人的心情,同情客人的处境,努力识别和满足他们的真实需求,满怀诚意地帮助客人解决问题。饭店要制定合理的、行之有效的有关处理投诉规定,以便服务人员在处理投诉时有所依据。自己不能处理的事,要及时上报上级,要有一个引导交接的过程,不能在投诉时出现"空白"和"断层"。有些简单的投诉,自己能处理好的,不能推诿和转移。

特别提示

如果缺乏诚意,即使在技术上做了处理,也不能赢得客人的好感。

2. 绝不与客人争辩

处理客人投诉时,要有心理准备,即使客人使用过激的语言及行为,也一定要在冷静的状态下同客人沟通。当客人怒气冲冲地前来投诉时,首先,应选择适当的处理投诉的地方,避免在公共场合接受投诉;其次,应让客人把话讲完,然后对客人的遭遇表示同情,还应感谢客人对饭店的关心。

特别提示

一定要注意冷静和礼貌,绝对不要与客人争辩——任何解释都隐含着"客人错了"的意思。态度鲜明地承认客人的投诉是正确的,能使客人的心理得到满足,尽快地把客人的情绪稳定下来,既显示出饭店对客人的尊重和对投诉的重视,又有助于问题的解决。

3. 不损害饭店的利益和形象

处理投诉时,应真诚地为客人解决问题,保护客人利益,但同时也要注意保护饭店的正当利益,维护饭店的整体形象。不能单单注重客人的陈述,讨好客人,轻易表态,给饭店造成一定的损失;更不能顺着或诱导客人抱怨饭店某一部门,贬低他人,推卸责任,使客人对饭店整体形象产生怀疑。对涉及经济问题的投诉,要以事实为依据,具体问题具体研究。

在处理投诉时,既要一视同仁,又要区别对待;既要看投诉问题的情节,又要看问题的影响力,以维护饭店的声誉和良好形象。

知识链接

相关资料表明,在27个不满意的客人中,只有1位客人投诉,即每一个投诉者代表26个同样的抱怨者。换句话说,在100个不满意的人中,投诉的仅有4%,而4%抱怨的顾客却比96%不抱怨的顾客更有可能继续购买;但如果问题得到解决,将有60%不满的顾客继续购买,而尽快解决的话,这个比例将上升到95%,否则企业将流失大批现有的客源和潜在客源。因此,从这个意义上讲也要求饭店在经营管理过程中注重对投诉的处理。

六、处理投诉的流程

1. 认真聆听客人的投诉内容

在聆听时要做到以下几点。

（1）保持冷静。客人投诉时，心中往往充满了怒火，要使客人"降温"，不能反驳客人意见，不要与客人争辩。对那些情绪激动的客人，为了不影响其他客人，不宜在公共场合处理，可请客人到办公室或其房间单独听取意见，这样容易使客人平静。

（2）表示同情。设身处地地为客人考虑，对客人的感受表示理解，可用适当的语言和行动给予客人安慰，并且表达自己感谢的心情。如"谢谢您告诉我这件事""对不起，发生这类事，我感到很遗憾""我完全理解您的心情"等。在尚未核对客人投诉的真实与否之前，不要妄下判断，但要对客人表示充分的理解与同情。

（3）充分关心。不应该对客人的投诉采取"大事化小，小事化了"的态度，应该用"这件事发生在您身上，我感到十分抱歉"诸如此类的语言来表示对客人投诉的关心，并把注意力集中在客人提出的问题上，不随便引申，扩大态势，不推卸责任。

2. 认真做好记录

边聆听边记录客人的投诉内容，不但可以使客人讲话的速度放慢，缓和客人的情绪，还可以使客人确信，酒店对其反映的问题是重视的。同时，记录的资料也可作为解决问题的依据。

3. 把将要采取的措施和所需时间告诉客人并征得客人的同意

如有可能，可请客人选择解决问题的方案或补救措施。不能对客人表示由于权力有限，无能为力，但也千万不能向客人做出不切实际的许诺。要充分估计解决问题所需要的时间，最好能告诉客人具体时间，不含糊其词，又要留有一定余地。

4. 采取行动，为客人解决问题

这是最关键的一个环节。为了不使问题进一步复杂化，节约时间，且不失信于客人，表示酒店解决问题的诚意，必须认真做好这一环节的工作。如果是自己能够解决的，应迅速回复客人，告诉客人处理意见；若确实是酒店服务工作的失误，应立即向客人致歉，在征得客人同意后，做出补偿性处理。客人投诉的处理如果超出自己权限的，须及时向上级报告；的确暂时不能解决的投诉，要耐心向客人解释，取得谅解，并请客人留下联系方式和姓名，以便日后告诉客人最终的处理结果。

5. 检查落实并记录存档

现场处理完客人的投诉，事后还要及时地与客人取得联系，检查、核实客人的投诉是否已圆满地得到解决；并将整个过程写成报告，记录存档，举一反三，以利于今后工作的完善。

特别提示

在处理客人投诉的全过程中，要坚持做到3个不放过：事实不清不放过；处理不当，客人不满意不放过；责任人员未接受教训不放过。

处理客人投诉既是一门艺术，又是一门科学。说它是艺术，因为需要和客人打交道,要处理的是金钱与感情的问题;说它是科学,因为只有科学地掌握了修复、补救服务的工作程序,才能做好投诉的处理。

 典型案例

热水引发的投诉

"这房间我不要了!"值班经理循声看去,是刚刚办理入住的 1709 房间的客人陈先生,刚才还一脸和气地来开房,怎么才进房间就气冲冲地出来要退房呢?值班经理赶忙迎上去,请客人就座,冲上一杯热热的红茶开始询问情况。原来,一身疲惫的陈先生进房间后,准备洗澡休息,可是发现水管里放了十分钟都没有流出热水,便致电客房部询问,客房部服务员给陈先生的解释是,他所住的楼层水管破裂正在抢修,但无法承诺客人具体供热水的时间,这样的答复引发了陈先生的极大不满。于是陈先生找到值班经理要求退掉房间。值班经理听完陈先生的抱怨后马上向客人致歉,安抚客人情绪后,立刻联系客房部和工程部,了解到整个 17 楼都没有热水,但其他楼层热水正常,于是询问客人,可否帮其换到同等级的 16 楼房间,并向宾客关系经理申请了此客人第二日下午延迟退房到四点,保证了客人有充足的休息时间。客人对此处理表示满意,不再追究。

案例评析:

(1) 酒店前台在为客人办理入住前,并未了解整个酒店的房态房况,将无热水的房间开给客人;

(2) 当遇到客人投诉时,值班经理处理及时,热情,耐心,让客人将不满情绪发泄出来;

(3) 值班经理反应迅速,处理灵活,立即询问客人可否换房,并给予客人延迟退房的补偿,为客人争取了适当利益,让客人感觉到酒店的诚意,使客人的投诉得到完美处理。

后期改进意见:

(1) 酒店员工在当值期间,应了解实时房况,切勿将房况不佳的房间开给客人,以免遭受投诉;

(2) 当客人投诉抱怨时,一定要耐心、认真地聆听,客人心理上得到发泄后,通常不会再有非理性的行为;

(3) 处理投诉时,一定要头脑清醒,客人再急,服务人员都要保持冷静,以最快的速度排除矛盾,让客人感受到酒店实实在在地关注到每一位客人最细微的需求,圆满解决投诉;

(4) 酒店发生突发情况,信息传递要准确及时。

延伸阅读

大堂副理的工作心得

（1）听。对待任何一位客人的投诉，不管是鸡毛蒜皮的小事件，还是较棘手的复杂事件，我们作为受诉者都要保持镇定、冷静、认真倾听客人的意见，要表现出对对方高度的礼貌、尊重。这是客人发泄气愤的过程，我们不应也不能反驳客人意见，这样客人才能慢慢平静下来，为我们的处理提供前提条件。

（2）记。在听的过程中，要认真做好记录。尤其是客人投诉的要点，讲到的一些细节，要记录清楚，并适时复述，以缓和客人情绪。这不仅是快速处理投诉的依据，也为我们以后服务工作的改进作铺垫。

（3）析。根据所闻所写，及时弄清事情来龙去脉，然后才能做出正确的判断，拟定解决方案，与有关部门取得联系，一起处理。

（4）报。对发生的事情、做出的决定或是难以处理的问题，及时上报主管领导，征求意见。不要遗漏、隐瞒材料，尤其是涉及个人自身利益，更不应该有情不报。

（5）答。征求领导的意见之后，要把答案及时反馈给客人，如果暂时无法解决的，应向客人致歉，并说明原委，请求客人谅解，不能无把握、无根据地向客人保证。

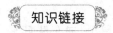 **知识链接**

应对客人投诉的相关措施

（1）建立完善的机制和文化：建立持续不断完善饭店经营管理能力的机制和组织文化，能正确看待和识别客人投诉给饭店带来的正负面影响，并融合到饭店经营管理当中，推动饭店进一步发展。

（2）建立交叉功能的团队：建立交叉功能的团队负责对客人投诉内容的分析与解读，通过专家小组对相关问题的分析与研究，提高饭店在经营管理方面的理论水平和逻辑性，为饭店科学化的发展打下坚实的基础。

（3）给予员工受理投诉的权利：给予员工充分的受理投诉的权利，并明确其受理投诉的责任和义务。饭店只有及时、有效地解决客人的投诉，才能为饭店发展创造更好的市场声望和口碑，也有利于客人满意度的提升，而这些结果来自于饭店每一位员工的努力。因此，为每一位员工创造一种宽松、良好的受理投诉环境对饭店发展是至关重要的。

（4）建立科学客观的评价体系：建立科学、客观的评价员工和部门的体系，并具有适当的宽容度。在客人投诉中，客人相对于员工或部门有更多或更强的话语权，尤其对于最普通的员工来说更是如此。因此，建立正确、客观的评价体系，有助于提高员工工作的积极性和主动性。同时，适当的宽容度有利于良好工作氛围的形成和发展,也会提高员工对饭店的忠诚度。

(5)加强专门培训：良好的受理投诉的技巧和艺术有利于提高客人满意度以及忠诚度,而相关技巧和艺术需要经验的积累,以及相关人际关系理论的学习。因此,在饭店实践中加强应对技巧和艺术的培训是非常必要的。

实训练习

通过学习受理宾客投诉的标准操作流程,列举出在客人住店期间可能会出现哪些投诉事件,我们又该如何正确处理呢？

学习情境4　宾客离店时对客服务

宾客离店时对客服务与宾客抵店时类似,由礼宾部的酒店代表、门童和行李员为客人提供送别服务；由前厅收银处为客人办理结账离店手续。

任务4-1　店外送别服务

送客服务工作步骤基本上与接客相同,主要是了解客人离店情况,向车队订车和欢送客人。酒店代表送站服务的程序及标准是：

(1)到前台了解次日需要送走的客人名单、所乘交通工具和班次等情况；

(2)向有关部门了解机、车、船准确离开的时间,与客人商定离开酒店的时间,清点行李,照顾重点客人和老、弱、妇女客人；

(3)送客路上,要用规范的礼仪礼貌和客人交流,征求客人对酒店的意见,欢迎他们再次光临；

(4)客人到达车站(机场或码头)后,协助客人托运行李和办理有关手续；

(5)目送客人进入安检候机厅后,要和客人挥手告别,并祝客人一路顺风,使客人有亲切感、惜别感。

任务4-2　门厅送别服务

门童送别服务的程序及标准是：

(1)召唤宾客的用车停至便于宾客上车而又不妨碍装行李的位置。

(2)协助行李员将行李装上汽车的后舱,请宾客确认无误后关上后舱盖。

(3)请宾客上车,为宾客护顶,等宾客坐稳后再关车门,切忌夹住宾客的衣、裙等。

(4) 站在汽车斜前方 0.8~1 米的位置,亲切地说"再见,一路顺风"等礼貌用语,挥手向宾客告别,目送宾客。

任务 4-3 离店行李服务

一、散客离店行李服务

(1) 当礼宾部接到客人离店搬运行李的通知时,要问清客人房号、姓名、行李件数及搬运行李的时间,并决定是否要带上行李车,然后指派行李员按房号收取行李。

(2) 与住客核对行李件数,检查行李是否有破损情况,如有易碎物品,则贴上易碎物品标志。

 典型案例

客人行李箱上面的小辘辘不见了

事情发生在英国的辛顿克罗饭店内。一位住店客人准备离店,行李员到该客人房间取走三件行李,用车推到前厅行李间以后才绑上行李牌,等待客人前来点收。当客人结好账,行李员准备把行李搬上汽车,要客人清点时,那位客人忽然发现了什么,很不高兴地指着一只箱子说:"这只箱子上面的辘辘被磕掉了,我要你们饭店负责!"行李员听罢感到很委屈,于是辩解道:"我到客房取行李时,你为什么不讲清楚,这只箱子明明原来就是坏的,我在运送时根本没有碰撞过呀。"客人一听就恼火起来:"明明是你弄坏的,自己不承认反而咬我一口,我要向你的上级投诉。"

这时前厅值班经理听到有客人在发脾气,于是马上走过来向客人打招呼,接着耐心听取客人的指责,同时仔细观察了箱子受损的痕迹,然后对客人说:"我代表饭店向您表示歉意,这件事自然应该由本店负责,请您提出赔偿的具体要求。"客人听了这句话,正在思索讲些什么的时候,前厅值班经理接着说:"由于您及时让我们发觉了服务工作中的差错,非常感谢您!"

客人此时感到为了一只小辘辘,没有必要小题大做,于是保持沉默,这时前厅经理便顺水推舟,和行李员一起送客人上车,彼此握别,平息了一场纷争。

案例评析:

前厅值班经理的做法是比较明智的。他果断地在没有搞清楚箱子究竟为何受损的真相之前,就主动向客人表示承担责任,这是由于:

(1) 行李员到客房内取行李时未查看行李是否完好无损,而且没有当场绑上行李牌请客人核对行李件数。

（2）行李员已经直接和客人争辩，这样有助于避免矛盾激化，缓和气氛。

（3）前厅值班经理懂得，如果你把"对"让给客人，把"错"留给自己，在一般情况下，客人并不至因此得寸进尺。相反如果这位值班经理也头脑发热，要和客人争个是非曲直，后果是不言而喻的。要明白像上述这种事件既然已经发生，那么谁是谁非的结论恐怕难以争个明白，或者可以说根本不存在谁是谁非的问题。相反，客人越是"对"，饭店的服务也就越能使客人满意，从这个意义上理解，客人和饭店双方都"对"了。

（3）弄清客人是否直接离店，如客人需要行李寄存，则填写行李寄存单，并将其中一联交给客人作为取物凭证，向客人道别，将行李送回行李房寄存保管。待客人来取行李时，核对并收回行李寄存单（有关行李寄存服务的内容后面将有详细介绍）。

（4）如客人直接离店，装上行李后，应礼貌地请客人离开客房，主动为客人叫电梯，提供电梯服务，带客人到前厅收款处办理退房结账手续。

（5）客人离店时协助其将行李装车，向客人道别。

（6）填写"散客离店行李登记表（见表 2-30）"。

表 2-30　散客离店行李登记表

日期 Date：

房号 Room. No.	离店时间 Departure Time	行李件数 Pieces	行李员 Porter	车号 No.	备注 Remarks

二、团体离店行李服务

（1）根据团体客人入住登记表上的运出行李时间做好收行李的工作安排，并于客人离店前一天与领队、导游或团体接待处联系，确认团体离店时间及收行李时间。

（2）在规定的时间内依照团号、团名及房间号码到楼层收取客人放在门口的行李。行李员收行李时，从走廊的尽头开始，可避免漏收和走回头路。

（3）收行李时应核对每间房的入店行李件数和出店行李件数，如不符，则应详细核对，并追查原因，如客人在房间，则应与客人核对行李件数；如客人不在房间，又未将行李放在房间则要及时报告领班，请领班出面解决。

（4）将团体行李汇总到前厅大堂，再次核对并严加看管，以防丢失。

（5）核对实数与记录相符，请领队或陪同一起过目，并签字确认。

（6）与旅行社的行李押运员一同检查、清点行李，做好行李移交手续。

（7）行李搬运上车。

（8）填写"团体行李登记表"并存档。

任务 4-4　结账离店服务

对绝大多数客人来说，结账离店是客人与酒店的最后一个接触环节，也是比较容易出错的一个环节，因此，前厅收银处在这一环节的工作中，应加强与各部门及岗位间的协调，及时准确地做好客人的账单，为客人提供账目查询、核对等服务，给客人留下最终的好印象。

前厅收银处的工作职责主要是客账控制（包括建账、过账、结账等环节）、办理住客的外币兑换业务、负责客人贵重物品的寄存与保管。

一、客账控制

（一）建账

前厅接待处给每位登记入住的宾客设立一个账户，供收银处登录该宾客在住店期间的房租及其他各项花费（已用现金结算的费用除外）。饭店的账户分为住客分账户（为某一房号住宿客人建立的单独账目）、团队账户（为团队或会议客人建立的总账户）、非住客账户（即为非住宿客人在店内消费建立的账户）。客人办理完入住登记手续，确定信用方式，交付押金之后，收银员应当及时为散客或团队客人建立账户。

1. 为团队客人建账

（1）检查团队总账单，如团队房号、团号、人数、用房总数、房价、付款方式、付款范围等项目填写是否齐全、正确。

（2）查看是否有换房、加房或减房、加床等变更通知单。

（3）建立团队客人自付款项的分账单，注意避免重复记账或漏记账单。

（4）将团队总账单按编号顺序放入相应的账夹内，存入住店团队账单架中。

2. 为散客建账

（1）核查账单，如客人姓名、房号、房型、房价、抵离店日期、付款方式的填写是否齐全、正确，如有疑问，应立即与接待人员核实。

（2）核实付款方式，如使用信用卡支付，须检查账单中所附的信用卡签购单填写是否齐全、信用卡是否有效。

（3）检查信用卡是否已在"黑名单"的行列。

（4）检查有关附件，如住房登记表、房租折扣审批单、预付款收据等是否齐全。

（5）将客人账单连同附件放入标有相应房号的分户账夹内，存入住店客人账单架中。

（二）记账

建立客人的各类账户后，饭店就应当及时准确地将客人的预付押金、消费情况分门别类地记入客人账户中。客人在店期间的主要项目有房租、餐饮费用、电话费、洗衣费、客房迷你吧的酒水饮料费用、健身娱乐费等。传统的手工记账速度较慢，而且容易遗失和漏记，随着计算机信息管理技术在饭店中的广泛运用，通过计算机自动记账已是一种普遍的手段，很多酒店实行"一次性结账服务"，宾客的房租采取按天累计的方法每天结算一次，宾客离店加上当日应付房租，即为宾客应付的全部房租。其他各项费用，如餐饮、洗衣、长途电话、传真、美容美发、书报等项目，除宾客愿意在消费时以现金结算外，均可由宾客签字后由各有关部门将其转入前厅收银处，记入宾客的账户。要求记账准确，宾客姓名、房号、费用项目和金额、消费时间等应清楚，并和宾客账户记录保持一致。

（三）结账

1. 散客结账离店操作程序

（1）问候核实，包括：

① 问候客人，弄清客人是否结账退房。

② 确认客人的姓名、房号、来电日期，并与客人账户核对。

③ 检查客人的退房日期，如果客人是提前退房，收银员应通知相关部门。

④ 核实延时退房是否需要加收房租。

（2）通知楼层，包括：

① 通知楼层查房，检查客房小酒吧酒水耗用情况、客房设施设备的使用情况，以及客人是否拿走房内的日常补给品。

② 委婉地问明客人是否还有其他即时消费（半小时内），如电话费、餐饮费等。

（3）完成结账，包括：

① 将已核对过的客人分户账及客人的账单凭证交客人过目，并请客人签名确认。

② 确认付款方式，客人完成结账，如客人入住时交了押金，要收回押金条。

③ 收回客人的房卡和钥匙，检查客人是否有贵重物品寄存，并提醒客人。

服务必杀技

现金结算：唱收唱付，多退少补；

信用卡结算：信用审核，刷卡开单；

支票结算：验票签字，保存客单。

典型案例

挂 账 之 争

晚上前台接待员小黄急切地对宾客关系经理说："5138 房的客人一定要挂账，而销售员并未通知我们转单，客人在这里发火……"经了解，原来客人是协议单位客户，房费可挂账，现在客人在水疗会所消费 380 多元，也要求记入房间。而接待员未接到通知，未予答应，要求他先与销售员联系，客人很恼火，称对方早已关机。

宾客关系经理请客人息怒后，耐心解释，并深表歉意，考虑此客人为常客及其以往的信誉情况，便以协商的口气委婉地说："先生，您看这样好不好？今天我们先帮您把费用记入房间，明天如果确认后不能挂账，再改用现金结账，好吗？希望您能谅解，配合我们的工作。"客人连声称好："好！好！好！还是你想得周到，不过你放心，我是他的重要客户，再说，明天我也不会跑掉，我要住一个礼拜呢。"第二天，前台果真接到销售员的电话通知，5138 房客人的所有费用都可以挂账到房间。

案例评析：

本案例中，在未接到销售员通知的情况下，接待员不予挂账的做法是对的，但是让客人自己联系酒店销售人员的做法似有推诿之意，服务意识欠缺，接待员应协助客人联系销售人员；宾客关系经理了解情况后，看出客人是因为面子问题才执意要求挂账的，考虑到此客为常客，其以往的信誉都比较好，于是同意客人先挂账，并与客人说明次日联系后，若销售员不同意挂账再改用现金结付，宾客经理的做法既维护了酒店利益，又满足了客人的要求。

（4）行李服务及告别，包括：

① 通知行李员提供行李服务，并询问能否为客人的下次旅行提前订房。

② 感谢客人，告别客人，祝福客人。

（5）更新资料，包括：

① 弄清客人是否预订日后的客房，或者预订本饭店连锁管理集团下属的其他饭店客房。

特别提示

在查阅客人账单时，应该利用与客人接触的最后一个机会，询问客人的住店感受、是否需要为下次出门旅行提前订房。离店结账绝不仅仅是收回消费款项的简单过程。

② 更新前厅相关信息资料,如房态表和住客名单等,将客人结账离店的消息通知相关部门,如让总机关闭长途电话等。

(6)统计存档。做好账、款的统计工作和材料的存档工作,一方面为日审、夜审提供审核材料;另一方面也可为日后查询和财务分析提供证明材料。

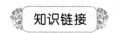 知识链接

夜 审 工 作

夜审工作就是:核查从上个夜班到现在所收到的账单,将房租登录在宾客账户上,并做好汇总和核查工作。通常由夜间审核员来担任此项工作,一般是在 24:00 后开始做夜审工作。夜审员(Night Auditor)的具体工作步骤如下:

(1)检查当天所有营业部门的账单是否都已转来。

(2)检查所有单据是否都已登上账户。

(3)将所有尚未登账的单据登上账户。

(4)按部门将单据分类,计算出各部门的收入总额。

(5)累计现金表,检查收到现金和代付现金的总额。

(6)检查所有现金表上的项目是否都已登录在账户上。

(7)检查所有优惠是否都有签字批准,是否登在账户上。

(8)将当日房租登记在账卡上。

(9)将每个账卡的借方和贷方金额分别相加,得出当日余额。

(10)将当日余额记入下一日新开账页的"接上页"行内。

此外,夜审员应将账户上的信息按项目登录到有关的账册中,并求出总数。然后,做好下列核查工作:

(1)核查每个营业部门的借方栏总数是否与相应的销售收入一致。

(2)将现金收入栏和代付栏总数与现金表相比较,以确认两数相符。

(3)核查折让与回扣总数是否与有关单据上的总数相符。

(4)将卡账余额栏的总和与上一天结账时的余额总和相比较,核查是否相符。

在此基础上,夜审员还负责编制报表,进行包括客房、餐饮和综合服务收入统计以及全店收入审核统计,并于次日早晨上报总经理及转送相关部门,作为酒店管理层掌握酒店经营情况、调整经营管理策略的重要依据。

夜审是饭店每日必须进行的一项工作,通过夜审以保持各账目最新和最准确的记录,进而开展营业情况的总结与统计工作。

情景模拟对话

散客结账离店服务

收银员：女士，您好，请问有什么可以帮您的吗？

客人：我要结账退房。

收银员：好的，请您出示一下房卡和押金单。

客人：好的，给你。

收银员：请问您还有其他的消费吗？

客人：没有了。

收银员：好的，请您稍等。（通知楼层检查，检查客房内是否有其他消费并查询计算机）

收银员：久等了，请问您在本店住得还愉快吗？

客人：挺好的。

收银员：（打印账单）我们将竭尽全力为您提供满意的服务，这是您的账单，您一共消费了 2 688 元，请您核对一下。如果没什么问题，请在这儿签个字。

客人：好的。（核对签字）

收银员：请问您是用现金结账还是信用卡？

客人：信用卡。（递交信用卡）

收银员：好的，请您在这儿输入您的密码。（客人输入密码）请您确认一下并在这儿签个字，这是您的信用卡退还的押金以及账单，请您收好。

客人：嗯，谢谢。

收银员：好的，谢谢您的光临，欢迎下次光临。请慢走。

实训练习

两名同学为一组进行角色扮演，一人扮演饭店前台收银员，一人扮演客人，完成一次前台收银服务工作。然后角色互换，并互评。

要求：

（1）服务流程正确，能够根据不同结算方式受理结账；

（2）服务过程符合饭店对客服务礼貌礼节要求；

（3）资料齐全，存档准确无误。

2. 团队客人结账离店操作程序

为方便客人结账，现代饭店通常在当日安排前台人员向次日预离店客人送达"离店结账通知单"（见表 2-31），或在房间闭路电视中安装查账系统，使客人提前了解在店消费状况。总台夜审将各账点产生的客账予以稽核,为次日离店客人顺利结账奠定基础,避免客账累计过程中出现差错,或及时给予纠正,从而提高服务效率,确保完成营收入账。

表 2-31　离店结账通知单

No.

日期 Date	摘要 Description	参照 Reference	借方 Debit	贷方 Credit

付款方式 Payment： 核收 Audit： 经手人 Cashier：	在任何情形下,本人都同意负责支付以上的账目 Regardless of charge instruction. I acknowledge that I am personally liable for payment of the above statement. 客人签名： Guest's Signature

（1）准备复查。在团队结账前半小时做好相关的准备工作,复查一遍团队账目,确认是否均按相关要求入账、所有附件是否齐全等;领队或陪同人员前来结账时,应请其递交账单,检查并签名认可。

（2）告知查房。将结账团队的名称(团号)告知相关楼层服务员,通知其查房。

（3）打印账单。为有账目的团队客人打印账单,请客人付款。若客人转账付款,则须做到转账和客人自付分开。通常接待单位或旅行社只支付房费及餐饮费用,其他杂项,如电话费、洗衣费、酒水费则由客人自付。

（4）收回房卡和钥匙。

特别提示

（1）如预订单标明付款方式为转账,要请付款单位陪同人员在转账单上签字确认,并注明转账单位以便将来结算;

（2）凡不允许挂账的单位,其团队费用一律到收款处现付;

（3）团队客人的房价不能透露给客人。

特殊情况处理

1. 快速结账处理

饭店退房时间为中午 12：00 前,客人退房结账较为集中,以致前厅收款处客人拥挤,收银员工作较为繁忙。为避免此种现象的出现及为了方便客人,一些饭店力求为客人提供快速的结账服务,大致分为两种模式：客人房内结账和客人填写"快速结账委托书"办理结账手续。

1) 客人房内结账

(1) 饭店利用客房内的电视机,将其与饭店的计算机管理系统驳接,客人在离店的前一天晚上根据服务指南中的说明启动房内结账系统,开始结账。

(2) 在离店的当天早上,客人就可以在电视屏幕上看到最后的账单情况,并提前通知收银员准备账单,这样就加快了结账速度。

(3) 如果客人使用信用卡结账,就不必到前厅收款处办理结账手续;如果客人用现金结账,则必须到前厅收款处结账。因为付现金的客人还没有与饭店建立信用关系,故计算机管理系统控制程序不容许现金付款的客人采取房内结账。

2) 客人填写"快速结账委托书"办理结账手续

对于有良好信用的客人,使用信用卡结账的饭店为其提供快速结账服务;"快速结账委托书"上客人的签名将被视为信用卡"签购单"上的签名,财务部凭信用卡签购单和"快速结账委托书"向银行追款。

(1) 客人离店前一天填好"快速结账委托书",允许饭店在其离店时为其办理结账退房手续。

(2) 客人可以在前厅收款处索取"快速结账委托书",将其填好后送至收款处,收银员对其支付方式进行核对。

(3) 在客人离店的当天早上,收银员将客人消费的大致费用告诉客人,在稍微空闲时替客人办理结账手续,并填制好信用卡签购单。

(4) 为了方便客人备查,饭店最后将账单寄给客人。

2. 提前结账问题处理

(1) 收银主管每小时一次通过计算机查核提前结账客人的离店情况。

(2) 收银员在结账时,暂时不把客人的资料从计算机中删去。确定客人真正离店且无其他消费项目后方可把客人的资料从计算机中删除。

(3) 在住房登记卡上注明客人提前退房的时间,并在计算机系统中做标记。

(4) 可将客人的住房登记卡按照所注明的退房时间放入离店夹内。

3. 过了结账时间仍未结账处理

(1) 前台应催促那些预期离店的客人。

(2) 如果超过时间,应加收房费。一般中午 12:00 至下午 6:00 以前结账的应加收半天的房费,下午 6:00 以后结账的要加收一天的房费。

(3) 为了减少客人的误会或在结账时产生不必要的纠纷,对于预期离店而又没有及时结账的客人,前台工作人员应该把上述规定委婉地告诉客人。

4. 结账时要求优惠处理

有些客人在结账时,往往以各种理由要求优惠,这时,要视具体情况而定。

(1) 如果符合优惠条件,收银员要填写"退账通知书"(一式二联,分交财务和收银处),然后由前厅部经理签名认可,并注明原因,最后在计算机中做退账处理。

(2) 有时候也有客人要求取消优惠的特殊情况,这也要尊重客人的意见,满足客人的要求。

(3) 遇有持饭店 VIP 卡的客人在结账时才出示 VIP 卡并要求按 VIP 优惠折扣结账时,应向客人解释饭店规定:VIP 卡在入住登记时出示才有效,否则不能按优惠折扣结账。如客人坚持要求按优惠折扣结算,可报大堂副理或部门经理,由其决定是否做退账处理。

5. 客人出现欠款或押金不够的情况

(1) 如果客人在入住登记时交纳的押金已经用完而继续消费时,收银员应及时通知客人补缴,防止出现逃账现象。

(2) 催款时应注意语言艺术和方式方法,可以用电话或书面形式通知客人。

(3) 遇到欠款较多又拒绝付账者要及时报告主管处理,在发催款通知单前也应让主管审阅,以免得罪一些特殊客人。并采取一些措施提示住客,例如:应通知总机关闭长途线路、通知客房楼层服务员锁上小酒吧(一定要在客人进房前做好);客人入住后,客房楼层服务员对该房间要多加留意。

一些饭店为方便客人使用房间内的长途电话(IDD、DDD)、饮用房内小酒吧的酒(Mini-bar)、洗衣费签单等,常会要求客人多预交一天的房租作为押金,当然也是作为客人免费使用房间设备、设施的押金。押金的数额依据客人的住宿天数而定,主要是预收住宿期间的房租。

📚 典型案例

押金不够之后

黄先生是一家公司驻某地分公司的经理,公司效益很好,因此包了某饭店的一间客房长期居住。黄先生入住时与饭店签有一份包房合同,双方约定:客人在入住时交纳一个月的房费押金,以后每月 5 日结清上月一切费用,同时饭店允许客人在酒店各营业点签单挂账。几个月过去了,黄先生每月都是在 5 日前,到总台结清上月的消费,一切相安无事。然而,在第六个月的时候,黄先生没有及时结清账款,总台收银员小李还发现黄先生账上余额出现了负数,便打电话请他到总台再付一个月房费定金,黄先生表示马上会付的。可是,几天以后当小李见到黄先生再次请他付定金时,他依然爽快地表示近日一定付。又是几天过去了,黄先生仍然没有行动,但却请客依旧,消费直线上升。于是,小李将情况向上级做了汇报。当前厅经理亲自来到客户房间说明情况时,黄先生面露愁容地表示,最近公司资金周转有点麻烦,请饭店通融一下,过几天一定把账补上。

前厅经理回到办公室,拿起总台打出的账单,看着透支的大笔金额,毅然采取了行动：利用饭店先进的 IC 卡系统，封锁了客人的房间，并通知饭店各部门，终止黄先生的签单权，改为现金结算。

案例评析：

本案例中饭店前厅经理的做法既不利于问题的解决，同时也会使饭店失去一个长期客户，其不妥之处有以下两点。

其一，没有给予客人充分的信任。尽管黄先生目前在饭店的消费确实透支了，但客人有着良好的社会地位，住店期间信誉一直不错，同时还与饭店签有包房合同，应该说有一定的可信度。饭店应该把他与其他一般住客进行区别对待。饭店这么做只能是得罪客人、失去客人，给自己的经营带来损失。

其二，封锁客人房间，不让客人进入，同时终止客人的签单权，改为现金结算，这样做的目的是逼迫客人到总台交押金。但如果客人实在没钱，又没有其他办法，则很可能会逃之夭夭。这样，蒙受损失的是酒店。

那么，遇到本例中这种情况，饭店应该如何做呢？

既然客人承认账目，并表示愿意偿还，那么可以在取得客人同意的情况下，在其偿还之前，把客人的有效证件及贵重物品保管在酒店保险箱内。这样酒店既得到了法律保障和相当的经济保障，又没有涉及违法行为。此外饭店以后还应该注意以下几个问题：

（1）饭店应该对其长住客人的资信情况做详细调查，以免出现逃账、赖账、坏账、死账等情况；

（2）总台收款处要随时查询余额，当客人出现超支情况，及时向上级汇报，以便及时决策，避免更大的损失；

（3）发现有逃账迹象或账面余额出现负数的情况，酒店各相关部门要密切配合，团结协作，共同追账，不要彼此推卸责任；

（4）同样的情况，对不同的客人、不同的情况要区别对待。如对资信情况较好的客人，当客人有麻烦时，要尽量帮助客人渡过难关，把客人给酒店短期内带来的损失看作一次提供个性化服务的机会；但是，对待蓄意逃账的客人，则应坚决而果断，必要时可采取相应的法律措施，以保障饭店的利益。

二、外币兑换业务

1. 外币现钞兑换

（1）当客人前来办理外币兑换时，先询问其所持外币的种类，看是否属于饭店兑换的范围。

知识链接

（1）目前可在指定机构兑换的外币有 16 种：美元、英镑、澳大利亚元、加拿大元、欧元、日元、新加坡元、港币、澳门元、菲律宾比索、泰国铢、新西兰元、瑞士法郎、瑞典克朗、挪威克朗、丹麦克朗；

（2）饭店由于受人员、设备、客源等条件制约，通常仅接受几种主要外币现钞兑换业务。如客人使用新版外币或从未兑换过的外币，应婉言谢绝客人。

（2）礼貌地告诉客人当天的汇率以及饭店一次兑换的限额。

（3）认真清点外币，并检验外币的真伪。

（4）请客人出示护照和房卡，确认其住客身份。

（5）填制水单（见表 2-32），内容包括外币种类及数量、汇率、折算成人民币金额、客人姓名及房号。

表 2-32　××HOTEL Foreign Exchange Voucher

Guest name：
Room No.
Date：

Currency Type	Amount	Exchange Rate	RMB ￥

Guest's Signature：

Cash's Signature：

（6）客人在水单上签名，并核对房卡、护照与水单上的签字是否相符。

（7）清点人民币现金，将护照、现金及水单的第一联交给客人，请客人清点。

2. 外汇旅行支票的兑换

旅行支票（Traveller's Checks）是银行或大旅行社专门发行给到国外旅游者的一种定额支票，旅游者购买这种支票后，可在发行银行的国外分支机构或代理机构凭票付款。旅游者在购买支票时，需要当面在出票机构签字，作为预留印鉴。旅游者在支取支票时，还必须在付款机构当面签字，以便与预留印鉴核对，避免冒领。

（1）了解客人所持旅行支票的币别、金额和支付范围，以及是否属于饭店的收兑范围，并告知当日估算价。

（2）必须与客人进行核对，对其真伪、挂失等情况进行识别，清点数额。

（3）请客人出示房卡与护照，确认其住店客人身份，请客人在支票的指定位置当面复签，然后核对支票初签和复签是否相符，支票上的签名是否与证件的签名一致。

（4）外币种类及数量、兑换率、应兑金额、有效证件（护照）号码、国籍和支票号码等，填写在水单的相应栏目内。

（5）请客人在水单的指定位置签名，并注明房号。

（6）按当天汇率准确换算，扣除贴息支付数额。

（7）订存支票。

三、贵重物品寄存与保管

为保障住店客人财产安全，酒店通常在总台收银处或旁边一间僻静的房间，设有贵重物品保险箱（safe deposit box），由收银处工作人员负责，免费为住客提供贵重物品保管服务。贵重物品保险箱由一组小保管箱或保鲜盒组成，其数量通常按酒店客房数的 15%～20% 来配备。每个箱子都备有两把钥匙：一把为总钥匙（Master key），由前厅收款员负责保管；另一把由客人亲自保管，只有用这两把钥匙同时开锁，才能打开和锁上保险箱。

（一）客用保管箱启用

1. 询问确认

主动问候，问清客人的保管要求；请客人出示房卡或钥匙牌，确认其是否为住店客人。

2. 填单签名

填写贵重物品寄存单（包括安全保险箱记录卡正卡、安全保险箱记录卡副卡，分别见表2-33、表2-34和表2-35），请客人签名确认，并在计算机上查看房号与客人填写的资料是否一致。

表 2-33 安全保险箱记录卡正卡（正面）

保管箱号码安全保管箱记录卡	
保险箱号码	客人签名
房间号码	地址
存放物品	
存取规定及注意事项	
日期	客人签名
时间	收银员签名

表 2-34 安全保险箱记录卡正卡（背面）

保险箱取出退箱	
日期	客人签名
时间	收银员签名

表 2-35　安全保险箱记录卡副卡

当您需要使用保险箱时,请在此卡上签名

保险箱号码

客人签名　　　　　　　　　　　　　房间号码

日期　　　　　　　　　　　　　　　收银员签名

3. 开箱

(1) 根据客人要求,选择相应规格的保管箱,介绍使用须知和注意事项。

(2) 将箱号记录在寄存单上;打开保管箱,请客人存放物品,并回避一旁。

4. 交付钥匙

(1) 客人将物品放好后,收银员当面锁上箱门,向客人确认已锁好;取下钥匙,一把给客人,另一把由收银员保管。

(2) 提醒客人妥善保管钥匙,向客人道别。

5. 记录存档

在保管箱使用登记本上记录各项内容,并将贵重物品寄存单存档。

(二) 中途开箱

1. 核对开启

客人要求开启保管箱时,应礼貌应接,核准钥匙、房卡以及客人的签名;当面同时使用总钥匙和该箱钥匙开启。

2. 签名记录

(1) 客人使用完毕,按照启用保管箱的要求,将保管箱锁上。

(2) 请客人在寄存单相关栏内签名,记录开启日期及时间;收银员核对、确认并签名。

(三) 客人退箱

1. 取出物品

礼貌地接待客人并取出物品;取出物品后,请客人交回钥匙。

2. 请客人签名

请客人在寄存单相应栏内签名,记录退箱日期和时间。

3. 记录告别

(1) 收款员在客用保管箱使用登记本上记录该箱的退箱日期、时间、经手人签名等内容。

(2) 向客人致谢告别。

特别提示

（1）保管箱的使用关系客人财产、重要证件和资料的安全,饭店对客用保管箱使用有严格的规定。

（2）要将贵重物品保管箱寄存单妥善收存备查。

（3）客房内的保险箱一般由客人自己启用,服务员只要给予相应的指导即可。

知识链接

目前,随着经济的发展,基于安全考虑,越来越多的酒店使用房间保险柜(In-room safe,见图 2-3),或用前台电子密码保管箱取代传统的钥匙保管箱。

图 2-3 房间保险柜

学习情境 5 宾客离店后对客服务

任务 5-1 客史档案的建立与管理

一、客史档案的含义与意义

饭店就是一个浓缩了的小社会,在这个小社会里,所有光顾消费的客人既有共同的特性和需求,又有各自不同的特点,他们对于饭店提供的服务既有相同的要求,即要求服务热情、周到、规范,又各有不同的个性化要求,这是由他们不同的个性特点决定的。要想超越服务的现有水平,提供富于针对性的服务,就必须深入了解每位客人的需求特点,因为了解客人的需求特点,是提供个性化服务的基础,而文档与信息管理为这些个性化服务做了充分的准备。

客史档案(Guest History Record)又称客人档案,是饭店对在店消费客人的个人情况、消费行为、信用状况、偏好和期望等特殊要求所做的历史记录。它是饭店用来促进销售的重要工具,也是饭店改善经营管理和提高服务质量的必要资料。完整的客史档案不仅有利于饭店开展个性化服务,提高客人满意度,而且对搞好客源市场调查、增强竞争力、扩大客源市场具有重要意义。

总之,饭店建立客史档案是以提高客人满意度和扩大销售为目的的。

二、客史档案的内容

客史档案通常可分为两种,即住客客史和宴会客史。

(一)住客客史的内容

1. 常规档案

常规档案主要包括来宾姓名、国籍、地址、电话号码、单位名称、年龄、出生日期、婚姻状况、性别、职务、同行人数等。饭店收集和保存这些资料,可以了解市场基本情况,掌握客源市场的动向及客源数量等。

2. 消费特征档案

消费特征档案主要包括:

(1)客人租用客房的种类、房价,每天费用支出的数额、付款方式,所接受的服务种类,以及欠款、漏账等。饭店收集和保存这些资料,能了解每位客人的支付能力、客人的信用程度等。同时,还可以反映客人对服务设施的要求、喜好、倾向以及所能接受的费用水平。

(2)客人来店住宿的季节和月份、住宿时间、订房的方式、来本店住宿是否有中介等。了解这些资料,可以使饭店了解客源市场的情况、不同类型客人及特点、客人的入住途径等情况,为饭店争取客源提供有用的信息,而且有助于改进饭店的销售推广手段。

(3)个性档案,主要包括客人脾气、性格、爱好、兴趣、生活习俗、宗教信仰、生活禁忌、特殊日期和要求等。这些资料有助于饭店有针对性地提供服务,改进服务质量,提高服务效率。

(4)反馈意见档案,包括客人对饭店的表扬、批评、建议、投诉记录等。

(二)宴会客史的内容

宴会客史的内容与散客客史相似,主要记录选订宴会者的情况,即来宾的姓名、单位地址、电话号码。每次宴会或酒会的情况也要详细地记录在案,包括宴会日期、种类、出席人数、出席者中有特殊要求的客人身份及其要求等内容;还应包括宴会的收费标准、举行的地点、所需的额外服务、所用饮料/菜品名称、出席者事后评价等。这些资料由餐饮部收集反馈给前厅部。

三、客史档案的用途

1. 客史档案可向饭店提供有用信息

（1）该客人在本店住过几次、何时住过。

（2）客人个人的基本情况，如姓名、性别、年龄、国籍、地址、电话等。

（3）客人有哪些爱好、习惯，喜欢哪种类型的客房或哪间客房，喜欢何种饮食或水果。

（4）客人住店期间的消费情况及信用情况。

（5）客人住店的原因，订房的渠道，由哪个单位接待。

（6）客人对饭店的评价如何。

（7）客人住店时有无发生过特殊情况或投诉。

2. 饭店可利用客史档案开展针对性的工作

（1）客人再次抵店前做准备工作。

（2）给住店若干次的客人寄感谢信。

（3）给住过本店的客人寄发饭店的各种促销宣传品。

（4）在中外重大传统节日（如圣诞节或春节）前夕，给曾住本店的客人和贵宾寄贺卡。

 典型案例

今 天 还 是 喝 红 茶 吗

陈先生是某酒店的忠诚客户，每次来都喜欢入住商务楼层，且总习惯去商务酒吧坐坐，约见几位好友聊聊天。第一次来，陈先生点了一壶红茶，第二次来依然点了红茶，第三次来的时候，有心的服务员小沈微笑地征询陈先生道："请问陈先生今天还是喝红茶吗？"陈先生开心地对朋友说："这儿的服务就是不错，服务员很用心哦，我才来过两次，就已经知道我爱喝红茶了，但是今天我想换换口味，改喝咖啡了。"

案例评析：

如今酒店都在提倡个性化服务，收集并运用客史档案是做好个性化服务的一个重要手段。但是在实际工作中，服务员往往会掌握不好尺度，熟悉客人，悉心牢记客人的习惯爱好，并不等于可以和客人平起平坐，越俎代庖。

本案例中的服务员小沈很细心，捕捉到了陈先生的喜好信息，但是没有擅自决定为客人泡上红茶，因为客人的喜好也会改变，所以我们在服务中要处处做个有心人，熟悉客人并不忘尊重客人。

四、客史档案的收集整理

1. 客史档案资料的收集

及时、准确地收集和整理客史档案资料,是做好客史档案管理工作的基础。这既要求饭店要有切实可行的信息收集方法,又要求前台和饭店其他对客服务部门的员工用心服务,善于捕捉有用信息。收集客史档案资料的主要途径有以下几种。

(1) 总台收集:总服务台通过预订单、入住登记单、退房结账单等收集有关信息。有些信息从客人的证件和登记资料中无法获得,应从其他途径寻觅,如征集客人的名片、与客人交谈等。

(2) 大堂副理整理:大堂副理每天拜访客人,了解并记录客人的服务需求和对饭店的评价;接受并处理客人投诉,分析并记录投诉产生的原因、处理经过及客人对投诉处理结果的满意程度。

(3) 其他部门反馈:客房、餐饮、康乐、营销等服务部门的全体员工主动与客人交流,对客人反映的意见、建议和特殊需求认真记录,并及时反馈。

(4) 媒体评价:饭店有关部门及时收集客人在报纸杂志、电台、电视台等媒体上发表的有关饭店服务与管理、声誉与形象等方面的评价。

 典型案例

钟情"蓝天"

新加坡南洋公司的庄学忠先生是蓝天大酒店的老客户,每次他预订房间后,酒店就根据他的资料卡显示的情况,为他安排靠近西村公园的房间,号码是他的幸运数 16;再在房间里摆上酒店总经理亲笔签名的欢迎信,旁边摆放他最喜欢的康乃馨鲜花蓝。他的听力不好,电话铃声需调大。卫生间里换上茉莉花型的沐浴液,浴巾要用加大型的。他是一个保龄球迷,每逢酒店有保龄球晚会,酒店会提前通知他。

对客人资料的搜集,来源于全体员工细致入微的服务。例如,餐厅服务员发现庄先生特别喜欢吃桂林腐乳,就将这个信息传递给营销部,存入资料库。下次客人再来时,计算机里便会显示这一点,餐厅就可以迅速做出反应和准备。当他再次光临时,他便能惊喜地发现,怎么蓝天大酒店这么神通,什么都替他想到了。久而久之,庄先生也就成了饭店的常客。

案例评析:

对经常来饭店消费的客人,尤其是消费额较大的客人,或是对饭店声誉影响很大的客人,饭店可以视为重点或目标客源。对于这些客人一定要注重客史档案资料的建立、收集和整理,以便及时发现他们的需求特点,从而更好地对他们进行有的放矢的推销和服务。

本案例中,蓝天大酒店就是非常注重 VIP 客人的个性需求,对于客人的爱好、兴趣、生活习俗等进行了深入的了解,并通过酒店各种渠道进行客史档案的收集,这些资料帮助饭店有针对性地提供服务,改进服务质量,带给客人惊喜,最终培养了顾客的忠诚度。

2. 客史档案的整理

饭店的客史档案整理工作一般由前厅部承担,而客史信息的收集工作要依赖于全饭店的各个服务部门。客史档案的整理工作主要有以下几个方面。

(1) 分类整理:为了便于客史档案的管理和使用,应对客史档案进行分类整理。如按国别划分,可分为国外客人、国内客人;按信誉程度划分,可分为信誉良好客人、信誉较好客人、黑名单客人等。经过归类整理的客史档案是客史档案有效运行的基础和保证。

(2) 有效运行:客人订房时,如属再次订房,预订员可直接调用以往客史,打印客史档案卡,与订房资料一道存放,并按时传递给总台接待员;如属首次订房,应将常规资料和特殊要求录入计算机,并按时传递给总台接待员。预订的常客抵店,总台接待员在客人填写登记表时调出该客人的客史档案,以提供个性化服务;未经预订的客人第一次住店,总台接待员应将有关信息录入计算机。对涉及客房、餐饮、康乐、保卫、电话总机等部门服务要求的,要及时将信息传递到位。同时,也要注意收集和整理来自其他各服务部门的有关客史信息。客人离店后,要将客人的客史档案再次更新,使客史档案的内容不断得到补充完善。

(3) 定期清理:饭店应每年系统地对客史档案进行 1~2 次的检查和整理,检查资料的准确性,整理和删除过期档案。在清理久未住店的客人档案前,最好给客人寄一份"召回书",以唤起客人对曾住过的饭店的美好回忆,做最后一次促销努力。

五、客史档案的建立

1. 建档方式

建立客史档案最常见的方式有以下 3 种。

(1) 登记单方式:客人住宿登记单最后一联通常是硬纸卡,反面还应印有客史资料项目,因此通常将客人住宿登记单的最后一联作为客史档案卡。这种方式比较简单易行,但编目保存较困难,而且记载的信息量不大。中、小型手工操作的饭店多采用这一方式。

(2) 档案卡片方式:这是用专门印有各项需填写的客史资料内容的单据,并按字母顺序编目。该单据为正规客史档案卡,可以根据饭店管理的相关规定,将卡片印制成各种颜色,用以代表不同的内容和含义,方便预订人员查找。此种方式建档编目比较正规适用,但工作量大。

(3)计算机方式:这种方式是在计算机系统中设定客史档案栏目。将客人的各种信息输入储存,以供随时查阅。该方式操作简便,信息储存量大且易于保管。随着计算机的普及,这一方式将成为建立客档案最主要的方式,如图 2-4 所示。计算机建档的功能主要有:

① 接受预订时可按客人姓名查询有无客史,有客史者在新预订时可直接调用。

② 对客史资料进行修改和更新。

③ 清除客人的住店历史记录。

④ 打印客史资料细目。

⑤ 修改客人住店历史细目表。

⑥ 即时打印任何客人的客史记录。

⑦ 为总台接待、办理客人入住手续时出示客史资料,可按客人姓名自动累积各自(次)的资料。

当然,计算机效能的发挥要靠工作人员正确的使用及输入信息的准确性,这也是前厅计算机管理的基础。

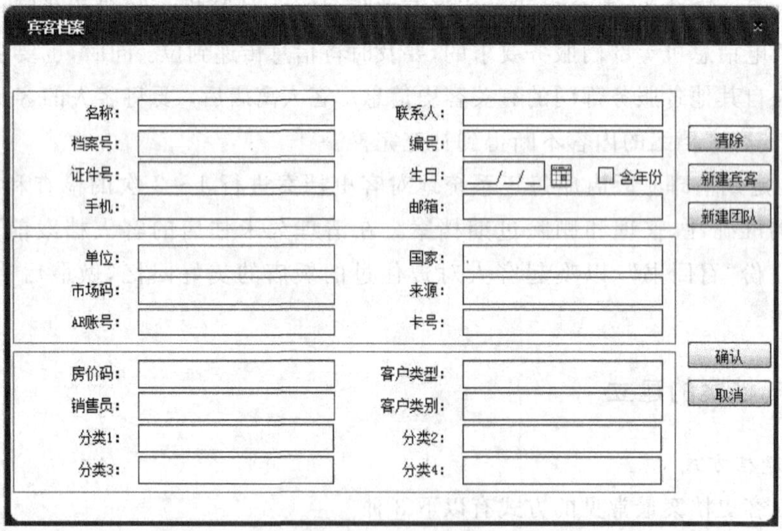

图 2-4 建立客史档案界面

2. 建档原则

(1)建立健全管理制度:建立健全客史档案的管理制度,确保客史档案工作规范化。编订编目和索引,卡片存放要严格按照既定顺序排放;坚持"一客一档",以便查找和记录。

（2）妥善保管：一张卡填满后以新卡续之，但原卡不能丢弃，应订在新卡的后面，以保持客史内容的连续与完整。档案是要长久保存的资料，因此必须定期整理，纠正存放及操作的失误，清理作废的卡片，以保持客史档案的完整。

实训练习

到饭店实地了解客史档案的建立和使用过程。

模块三

基层管理

模块简释

　　此模块是饭店前厅服务的基层管理内容,主要有前厅销售管理、前厅服务质量管理和前厅信息管理三个方面,通过该模块的学习,帮助学生了解前厅基层管理人员的主要职责和工作规范,提高对客服务的管理能力。

学习目标

知识目标

(1) 了解客房定价调控;

(2) 熟悉前厅销售的内容与要求;

(3) 掌握前厅销售的流程与技巧;

(4) 掌握前厅服务质量的概念;

(5) 熟悉前厅服务质量的内容与特点;

(6) 了解前厅服务质量控制的原则、任务和过程;

(7) 掌握前厅全面质量管理;

(8) 了解前厅信息管理的内容、基本要求和方法;

(9) 熟悉前厅部与其他部门的信息沟通;

(10) 了解计算机技术在前厅部的应用。

技能目标

(1) 熟练地为客人推销客房;

(2) 熟练地针对不同类型的客人提供有针对性的客房销售个性化服务;

(3) 提高前厅对客服务的质量;

（4）熟练地针对不同类型的客人提供有针对性的前厅服务；

（5）能够运用酒店前台操作软件进行客房预订、入住接待、结账离店等服务。

素质目标

（1）能够运用客房定价的方法估算客房价格；

（2）能够有效地向客人推销客房，培养顾客至上的观念，提高与宾客打交道的职业素养；

（3）能够有效地向客人提供前厅服务，能够运用前厅服务质量的有关知识提升服务水平。

学习情境 1　前厅销售管理

前厅部的首要功能是销售饭店客房及饭店其他产品，其销售特点表现在饭店特定的工作范围内，通过员工礼貌、高效、周到的服务来促进或实现销售。前厅每位员工都是销售员，都应利用自身的优势条件，熟悉和掌握工作范围的销售要求、程序和技巧，适时、成功地进行销售，以实现饭店收益最大化。

客房收入是饭店的主要收益之一，根据客房产品的特点、成本、市场供求及竞争等因素制定合理的房价，是饭店经营管理中的一项重要任务。前厅销售人员必须熟悉房价的基本构成和客房定价方法，掌握饭店房价的种类，严格执行饭店的房价政策。

理解前厅销售的内容和掌握销售技巧是前厅销售的基础，它贯穿于前厅对客服务的全过程。从销售角度出发，前厅部的工作不仅仅是接受客人预订客房、为客人办理入住登记手续，还要在熟悉客房销售要求和程序的基础上善于分析客人的特点、消费心理、需求，并兼顾客人和饭店双方的利益，运用销售艺术，有效地推销饭店的客房及饭店其他产品。

任务 1-1　客房定价调控

一、房价形成与定价方法

（一）房价形成

客房价格是由客房商品成本和利润构成的。其中，客房商品的成本项目通常包括建筑投资及由此支付的利息、客房设备及其折旧费、保养修缮费、物资用品费、土地使用费、经营管理费、员工工资福利费、保险费和营业税;而利润则是指所得税和客房利润两方面。

（二）定价方法

饭店客房定价的方法有很多,常用的有以下几种。

1. 随行就市法

随行就市法是饭店以同一地区、同一档次的竞争对手的客房价格作为定价的依据,不依据本饭店的成本和需求状况而定房价的方法,其目的是保证效益,减少风险。

2. 千分之一法

千分之一法也称建筑成本定价法,是根据饭店建筑总成本来制定房价的方法。饭店建筑总成本既包括建筑材料、设备费用,还包括内部装修及各种用具费用、所耗用的技术费用、人工费用、建造中的资金利息等。计算公式为:

$$客房价格 = \frac{饭店建筑成本}{饭店客房数} \times 1‰$$

例如,某饭店建筑总成本为 1 亿美元,客房总数为 800 间,则

$$客房价格 = 100\ 000\ 000/800 \times 1‰ = 125(美元)$$

特别提示

千分之一法是人们长期在饭店建设经营管理实践中总结出的一般规律,这种定价方法非常简单,其理论依据是预计饭店在正常经营状况下经过 n 年,饭店的总建设成本通过客房的销售得以收回,而没有考虑饭店的实际经营费用、供求关系、市场状况、饭店客房、餐饮、娱乐设施等规模和投资比例的差异等。因此,此定价方法一般仅作为制定房价的基础,在使用时,还应综合分析其他各种因素,以求定价的合理性、科学性和竞争性。

实训练习

某饭店有客房 300 间,建造成本为 900 万美元,请用千分之一法计算平均房价。

要求:

（1）正确运用计算公式;

（2）计算准确。

3. 盈亏平衡定价法

盈亏平衡定价法指的是饭店在既定的固定成本、平均变动成本和客房产品估计

销量的条件下,实现销售收入与总成本相等时的客房价格,也就是饭店收支平衡时的客房产品价格。计算公式为

$$单位产品价格=\frac{固定成本总额}{预计销量}+单位变动成本$$

例如,某饭店有客房 400 间,每间客房分摊固定成本为 150 元,单位变动成本为 40 元,饭店年均出租率为 70%,问饭店房价定为多少才能使饭店盈利?

解:
$$饭店定价=\frac{150\times400}{400\times70\%}+40\approx254(元)$$

实训练习

某饭店有客房 300 间,每间客房分摊固定成本为 100 元,单位变动成本为 30 元,饭店年均出租率为 70%,问饭店房价定为多少才能使饭店盈利?

要求:

(1) 正确运用计算公式;

(2) 计算准确。

4. 成本加成定价法

成本加成定价法,也称"成本基数法",它是按客房产品的成本加上若干百分比的加成额进行定价的一种方法。计算公式为

$$客房价格=每间客房总成本\times(1+加成率)$$

按照这种定价方法,饭店客房价格可分以下 3 步来确定。

(1) 估算单位客房产品每天的变动成本。

(2) 估算单位客房产品每天的固定成本,即

$$每间客房每天固定成本=\frac{全部客房全年固定成本总额}{客房数\times年日历天数\times出租率}$$

(3) 单位变动成本加上单位固定成本就可获得单位产品的全部成本,全部成本加上成本加成额,就可获得客房价格。

例如,某宾馆有客房 600 间,全部客房年度固定成本总额为 3 000 万元,单位变动成本为 80 元/(间·天),预计全年客房出租率为 70%,成本利润率为 30%,营业税率为 5%,试求客房的价格 P。

解: 根据所给数据和公式,计算如下:

$$P=\frac{\left(\frac{30\ 000\ 000}{600\times365\times70\%}+80\right)(1+30\%)}{1-5\%}\approx\frac{358.4}{0.95}\approx377.3(元/间·天)$$

5. 需求差异定价法

需求差异定价法是以市场需求为导向,以客人对饭店客房价值的认同和理解程度为依据,判定出多种有差异的客房价格,来满足不同客人的需求。它包括以下

几种。

(1)理解价值定价法。理解价值定价法是指根据客人对客房产品价格的理解和接受程度来定价的一种方法。饭店产品的特殊性导致只有饭店产品的质量、服务水平、价格和客人的主观感受、认识理解水平大体一致时,客人才会接受;反之,如果定价超过了客人对产品的理解价值,客人就不会接受。理解价值定价法的关键是如何测定客人对客房产品的理解价值。

(2)区分需求定价法。区分需求定价法是指在客房产品成本相同或差别不大的情况下,根据客人对同一客房产品的效用评价差别来制定差别价格。它包括:①同一客房产品对不同客人的差别定价;②同一客房产品对不同位置的差别定价;③同一客房产品对不同时间的差别定价;④同一客房产品在增加微小服务上的差别定价。

(3)声望定价法。声望定价法指的是一些高星级饭店有意识地把某些客房产品的价格定得高些,如总统套房、豪华套房等,从而提高客房产品及饭店的档次与声望。这种定价法的依据在于:客人经常认为"一分钱一分货",并把价格高低看作产品质量的标志。同时,有些客人把购买高价产品作为提高自己声望的一种手段,这种定价可以迎合这些消费者"求名"的心理。

(4)分级定价法。分级定价法是指把客房产品分为几档,每档定一个价格。这样标价,不但可以使消费者感到各种价格反映了产品质量的差别,而且可以简化他们选购产品的过程。饭店经常采用这种定价法来确定房价结构,对客房分级定等,制定不同价格,以吸引对房价有不同需求的客人。

综上所述,要想确保需求差异定价取得成功,饭店就应设计出不同等级的客房,并具有各自的风格特点,同时,能为客人提供较宽的价格幅度,让客人有选择合适价格的余地。在实际销售过程中,前厅销售人员应想方设法让客人相信房价差异是合理的、可接受的。

二、房价的调控

(一)影响房价制定的因素

饭店在制定房价时,应考虑到下列影响房价的因素。

1. 定价目标

客房定价目标由饭店市场经营的目标所决定,是指导饭店客房产品定价的首要因素。它包括利润导向、竞争导向、销售额导向、成本导向等多种定价目标。

2. 成本水平

成本是定价的重要依据。客房产品定价时,必须考虑其成本水平。成本通常是价格的下限,而价格应确定在成本之上,否则将导致亏本。

3. 供求关系

客房产品的价格应随市场供求关系的变化而不断调整。当供大于求时,饭店应考虑降低价格;当供不应求时,饭店应考虑适当提高价格,以适应市场需求。

4. 竞争对手的价格

竞争对手的价格是饭店制定房价时重要的参考因素。在制定房价时,应充分了解本地区同等级具有同等竞争力饭店的房价。一般来说,新房的价格略低于同档次饭店的房价,低房价可能具有竞争力,但并非只有低价才能取胜。

5. 饭店的地理位置

饭店的地理位置是影响房价制定的又一重要因素。位于市中心繁华商业区,交通便利的饭店,其房价可适当高些;反之,可相应低一些,以提高竞争力。

6. 客人消费心理

客人的消费心理也是进行定价时应该考虑的因素之一。定价时重点要考虑客人对商品价格能够接受的上限和下限,价格过高或过低都会影响到客人的购买欲望。

7. 国家、行业的政策、法令

饭店制定房价时,应考虑国家经济政策、行业法规、政府主管部门等对饭店价格政策的制约。如为了维护客人的利益,在广交会期间,广州市物价局对广州市所有的星级饭店的最高房价做了限制。

8. 饭店的服务质量

在客房定价的过程中,必须考虑到饭店服务质量水平的高低,即员工的礼貌水平、服务质量、服务技巧、服务效率和服务项目及要达到的标准。

(二)房价控制

饭店客房价格制定之后,须建立各种相关的政策和制度,使房价具有严肃性、诚实性、连续性和稳定性,且应要求前厅销售人员在实际销售客房的过程中严格执行。

1. 房价执行制度

前厅销售人员必须全面了解和掌握饭店已建立的各项政策和制度。如对优惠房价的批报制度、有关管理人员对优惠房价所拥有的决定权限、饭店房价优惠的种类和幅度及对象、前厅销售人员对标准价下浮比例的决定制度、各类特殊用房的留用数量、房价执行情况的审核程序和要求等。

2. 房价的限制

房价限制的目的是为了提高客房实际平均价格,实现饭店客房收益最大化。前厅部管理人员必须随时了解和掌握饭店客房出租率的变动情况,善于分析客房出租率的变化趋势,准确预测未来住店客人对客房的需求量,及时做出限制某类房价的决定。如果预测到未来某个时期的客房出租率很高,前厅管理人员可能会采取相应的限制措施,如限制出租低价房或特殊房价的客房、不接或少接团队客人、房价不打折等。

(三)房价调整

饭店的客房价格制定后,在实际运用过程中应进行有效的检查。依据房价检查的结果,管理人员应相应调整房价,以保证饭店客房利润目标的实现,使房价更适应客观现实需要。房价的调整一般包括适度调低房价和适度调高房价两大类。

1. 调低房价

调低房价是指饭店在经营过程中,为了适应市场环境或饭店内部条件的变化而降低原有的客房价格。调低房价的主要原因包括市场供大于求、竞争对手调低价格、客房无明显特色等。但是,调低房价不一定就会增加饭店客房销售量,却有可能导致饭店之间的价格战,还有可能给客人带来"低价低质"的消费心理而影响饭店自身在市场上的声誉等。

2. 调高房价

调高房价往往会引起客人的不满,并给前厅销售人员在销售客房时增加难度。但是,一旦饭店调高房价成功,就会极大地增加饭店的利润。调高房价的主要原因包括客房供不应求、饭店成本费用不断增加、饭店服务质量和档次明显提高等。

❀ 特别提示

无论是调低房价还是调高房价,都会给客房销售带来一定的影响,引起客人和竞争者的各种反应。因此,管理人员必须密切关注市场动态,尤其是竞争对手的情况,充分考虑各种可能,以便能迅速做出有效的应变决策。

任务 1-2　前厅销售的内容与要求

一、内容

前厅销售的不仅仅是客房,还包括饭店的其他产品与业务以及饭店的服务质量和形象。前厅销售的具体内容如下。

1. 饭店的地理位置

饭店所处地理位置是影响客人选择入住的一个重要因素,交通便利程度、周围环境状况等都是前厅员用来推销的素材。

2. 饭店的有形产品

豪华舒适的客房、齐全有效的设施设备是销售的重要条件。前厅员工必须全面掌握饭店产品的特点及其吸引力。

3. 饭店的服务

服务是前厅销售重要的产品,前厅员工更应努力提高自身的服务意识和技能水平,为客人提供礼貌、高效、周到、满意的服务。

4. 饭店的形象

饭店形象是最有影响的活广告,它包括饭店历史、知名度、信誉、口碑、独特的经营风格、优质的服务等。前厅作为饭店形象的代言人,应自觉维护和创造饭店的良好形象。

二、要求

1. 销售准备

(1) 熟悉并掌握本饭店的基本情况和特点。熟悉并掌握饭店的基本情况和特点,是做好前厅销售工作的基础。前厅员工应对饭店的地理位置及交通情况、饭店等级及类型、饭店经营目标及客源市场、饭店服务设施与服务项目内容及特色、饭店有关销售方面的政策和规定等进行全面的了解、掌握,以便在销售中灵活运用。

(2) 做好日常销售准备工作。做好日常销售准备工作,是保证销售有效实施的先决条件。前厅部管理者必须保证前厅各个区域的工作环境有条理、干净、整洁;对客服务中使用的设施设备安全、有效;员工仪表仪容达到饭店规定的标准;准确预测客情并做好人力、物力资源的安排。

2. 销售实施

(1) 认真观察分析客人的要求和愿望。正确把握客人的特点及消费动机,有目的、有针对性地销售适合客人需要的产品,满足客人物质和心理需求。

(2) 表现出良好的职业素养。前厅是给客人留下第一印象和最后印象的场所,客人对饭店的体验和了解是从前厅员工开始的。真诚的微笑、礼貌的语言、得体的举止、高效规范的服务是前厅销售成功的基础。

(3) 加强对销售过程的督导和控制。前厅管理者在销售服务过程中,必须亲临现场,主动征求客人意见,亲自为客人服务,帮助遇到困难的员工,及时发现并解决服务和管理中可能出现的问题。

任务 1-3 前厅销售的流程与技巧

一、销售流程

前厅客房销售可分为以下 5 个步骤。

1. 把握特点

前厅销售人员应根据客房产品的特点、客源的种类及其需求,灵活运用销售技巧进行销售。不同类型的客人有不同的特点,销售的方法也有所不同。如因公出差的商务客人,对房价不太计较,但对服务的要求比较高,希望能得到快速、高效的服务,且使用饭店设施、设备的机会较多,回头率相对高。针对这些特点,前厅销售人员应向他们重点推销环境安静、光线明亮、商务办公设施设备用品齐全、便于会客、档次较高的客房;对度假观光的客人,应向他们推销环境幽雅舒适、有景观且价格适中的客房;等等。

2. 介绍产品

前厅销售人员在掌握了客人的特点之后,应适时地向客人介绍客房及其他产品。对第一次来饭店的客人,应尽可能地向客人介绍客房的优点和独到之处,如特色的房型、理想的位置、宽敞的面积、新颖的装潢、美丽的景观等,并强调这些优美和独特之处能给客人带来的利益和好处。对常来店的客人,销售人员应抓住时机向其推荐饭店新增的且适合他们的产品。前厅销售人员介绍的内容及介绍的方式,也会加深客人对饭店的印象。

3. 洽谈价格

价格是客人最为关心,也是最为敏感的内容。前厅销售人员在销售客房时,应强调客房的价值,回答客人最希望了解的关键问题,即"我付了这个房费后,能得到什么?是否值得?"努力使客人认同饭店产品的价值,避免硬性推销。

4. 展示客房

为了促进客房产品的销售,前厅应备有各种房型的宣传资料供客人观看、选择,有条件的饭店可在大厅醒目位置配备计算机显示屏幕,让客人对客房产品获得感性认识。必要时,还可以在征得客人同意的情况下,带领客人实地参观客房,增强客人对客房产品的认识。在展示客房中,销售人员要自始至终表现出有信心、有效率、有礼貌。如果客人受到了殷勤的接待,即使这次没有住店,也会留下美好的印象。

5. 达成交易

经过上述步骤,当意识到客人对所推荐的客房感兴趣时,前厅销售人员应主动出击,可用提问的方式促使客人做出选择,如:"您想试用这间客房吗?您的选择是值得的!"等。客人认可后,应尽快给客人办理入住登记手续,并对客人的选择表示诚挚的谢意和良好的祝愿。

二、销售技巧

一名优秀的前台销售人员,不仅要掌握客房销售的内容、要求和程序,还必须掌握一定的客房销售技巧,并运用销售艺术,有效地促进销售。常见的销售技巧如下。

1. 正确称呼客人姓名

在销售过程中,若能亲切地用姓名称呼客人,就会使客人产生一种亲切感,拉近饭店与客人之间的距离,有利于销售。

2. 倾心聆听,及时释疑

在销售过程中,要善于从客人的谈话中听出对方的需求和意愿,对客人不明之处、不解之意要及时释疑,免去误会,以利销售。

3. 注意语言艺术

在销售过程中,要态度诚恳,用热情、友好的语言鼓励客人将需求和盘托出,坚持正面表述,如:"您真幸运,我们恰好还有一间不错的客房。"而不能说:"这是最后一间客房了,你要不要?"

4. 强调客人利益

在销售过程中,由于客人对产品价值和品质的认知度不同,销售人员应及时将产品给客人带来的益处告知客人,促使其购买。如:"这类客房价格听起来高了一点,但是客房的床垫、枕头具有保健功能,还配有冲浪设备,可以让您充分得到休息和享受。"

强调客人的利益这一技巧还可用在二次推销上,如销售人员向一位预订了低价房的客人说:"×× 先生,您只需多支付 40 元,就可享受包价待遇,这个价格除了房费以外,还包括早餐或一顿正餐。"

5. 把握客人特点,适时推销

例如,向商务客人推销环境安静、光线明亮、商务办公设施设备用品齐全、便于会客、档次较高的客房;向度假观光的客人推销环境幽雅舒适、有景观且价格适中的客房等;向新婚夫妇推荐蜜月套房;向老年人和行动不便的宾客推荐靠近电梯的客房;向带孩子的父母推荐连通房或相邻的房间。

在进行酒店产品销售时,要注意时机。比如经过长途旅行而清晨抵店的宾客,很可能需要洗衣服务;日间抵店的宾客,也许需要了解市内交通、景点及购物方面的信息;傍晚抵店的宾客,需要酒店餐厅的营业时间和经营菜系方面的信息;深夜抵店的宾客,可以向他们介绍咖啡厅或送餐服务等。

6. 选择适当的报价方法

对客报价是前厅销售人员为扩大客房产品的销售,运用口头描述技艺以引起客人购买欲望的一种推销方法。在实际工作中,只有有针对性地适时采用不同的报价方法,才能达到最佳销售效果。销售中常见的报价方法有以下几种。

(1)从高到低报价。此方法也称高码讨价法,即向客人推荐适合其需求的最高价格的客房及其特点。被推荐的客人可能会有两种反应:一是接受了所推荐的客房;二是拒绝了所推荐的客房。这时销售人员可逐一推荐价格低一个档次的客房及其特点,直至客人做出选择。这种相互作用的方法,使得许多客人相信,他们拒绝了最高价格的客房,选择了中、低档价格的客房是明智的。这种报价方法适用于未经预订、直接抵店的客人。

(2)从低到高报价。此方法也称利益引诱法,即向客人先报最低价格的客房,然后再逐渐走向高价客房。销售人员在报出低价客房的同时,应积极推销饭店有特色的附加服务,尤其是重点强调在原收费标准的基础上稍微提高一些价格,便能得到很多实惠。许多客人在利益的诱惑下,会接受偏高的价格。实践证明,这种报价方法对饭店的稳定和扩大客源市场起着积极作用。

(3)选择性报价。此报价方法是将客人消费能力定位在饭店价格体系中的某个范围,做有针对性地选择推销。销售人员要能准确地判断客人的支付能力,能够客观地按照客人的要求选择适当的价格范围。

(4)根据房型报价。此报价方法是根据客房产品优势即卖点设计的。它又有以下3种方式。

①"冲击式"报价。先报出房间的价格,再介绍客房所提供的服务设施和服务项目及特点。这种报价方式比较适合推销低价房。

②"鱼尾式"报价。先介绍客房所提供的服务设施和服务项目及特点,最后报出房价,突出客房物有所值,以削弱客人对价格的敏感度。这种报价方式比较适合推销中档客房。

③"三明治式"报价。此报价方式是将价格置于提供的服务项目中进行报价,以削弱价格分量,增加客人购买的可能性。这种报价方式比较适合推销中、高档客房。

7.推销饭店其他产品

在销售客房的同时,不应忽视饭店其他服务设施和服务项目的推销。适时地向客人推销其需要的其他服务设施与服务项目,不仅有利于增加饭店的收益,而且有利于搞好对客关系,提高客人的满意度。

8.客人利益第一

在销售客房及饭店其他产品的过程中,始终要把客人的利益放在第一位,让客人感受到前厅的一切销售都是为了满足其需求。

 典型案例

巧妙推销豪华套房

一天,南京某四星级饭店前厅部预订员小夏接到一位美国客人霍曼从上海打来的长途电话,他想预订每天收费180美元左右的标准双人客房两间,住店时间为6天,3天以后来饭店住。

小夏马上翻阅预订记录,回答客人说 3 天以后饭店要接待一个大型会议的几百名代表,标准间已全部预订完,小夏讲到这里用商量的口吻继续说道:"霍曼先生,您是否可以推迟 3 天来店?"霍曼先生回答说:"我们已安排好,南京是我们在中国的最后一个日程安排,还是请你给想想办法。"

小夏想了想说:"霍曼先生,感谢您对我的信任,我很乐意为您效劳,我想,您可否先住 3 天我们饭店的豪华套房,套房是外景房,在房间可眺望紫金山的优美景色,紫金山是南京名胜古迹集中之地,市内有我们中国传统雕刻的红木家具和古玩瓷器摆饰;套房每天收费也不过 280 美元,我想您和您的朋友住了一定会满意。"

小夏讲到这里,等待霍曼先生回答,对方似乎犹豫不决,小夏又说:"霍曼先生,我想您不会单纯计较房价的高低,而是在考虑豪华套房是否物有所值吧? 请告诉我您和您的朋友乘哪次航班来南京,我们将派车来机场接你们,到店后,我一定先陪你们参观套房,到时您再作决定好吗? 我们还可以免费为您提供美式早餐,我们的服务也是上乘的。"霍曼先生听小夏这样讲,倒觉得还不错,想了想欣然同意先预订 3 天豪华套房。

案例思考:小夏是如何推销客房的? 她采用了哪种报价方法?

案例分析:

(1) 接待热情、礼貌、反应灵活、语言得体规范,在接受霍曼先生电话预订的过程中,为客人着想,使客人感到自己受到重视,因而增加了对饭店的信任和好感。

(2) 小夏在推销豪华套房的过程中,采用的是利益引诱法,在报价中报价委婉,采用了"三明治式"报价方式,避免了高价格对客人心理产生的冲击力。

(3) 小夏在成功销售豪华套房的过程中,遵循了饭店销售的是客房而不是价格的原则,且积极主动,语言亲切,自然诚恳,善解人意,反应灵活,运用了心理学知识,提供了针对性服务,同时办事效率高,体现了小夏良好的思想素质和优秀的业务素养。

学习情境 2 前厅服务质量管理

在现今激烈竞争的市场环境下,优质服务不仅能增加回头客,更能挖掘潜在顾客,从而大大提高饭店的经济效益,使饭店在竞争中站稳脚跟,立于不败之地。可以说,饭店的竞争归根结底是服务质量的竞争,服务质量是饭店的生命线,因而服务质量的好坏直接影响着饭店的生存与发展。前厅部作为饭店的门面,也是饭店对客服务的中心部门,是客人产生第一印象和最后印象的地方,对客服务质量就更为重要,也有着更高更严的标准和要求。

任务 2-1　前厅服务质量的含义

一、服务的含义

要提高服务质量,首先要认清服务的含义,提高自身的服务意识。西方酒店认为服务就是 SERVICE,其每个字母都有着丰富的含义。

S-Smile(微笑):服务员应该对每一位宾客提供微笑服务。

E-Excellent(出色):服务员应将每一个服务程序,每一个微小服务工作都做得出色。

R-Ready(准备好):服务员应该随时准备好为宾客服务。

V-Viewing(看待):服务员应该将每一位宾客看作需要提供优质服务的贵宾。

I-Inviting(邀请):服务员在每一次接待服务结束时,都应该显示出诚意和敬意,主动邀请宾客再次光临。

C-Creating(创造):每一位服务员应该想方设法精心创造出使宾客能享受其热情服务的氛围。

E-Eye(眼光):每一位服务员始终应该以热情友好的眼光关注宾客,适应宾客心理,预测宾客要求,及时提供有效的服务,使宾客时刻感受到服务员在关心自己。

二、前厅服务质量

不同的行业、不同的学科、不同的学者对质量有不同的定义,但无论是何种定义,其共同观点是:质量是衡量某一产品或服务的"标准"或"尺度"。而所谓服务质量,表现为客人对饭店的服务活动和服务结果的满足程度。饭店的服务能否满足客人,既取决于服务活动的最终结果,也取决于服务活动的全部过程以及每一个环节。因此,能够最终满足客人的各种消费需求的、饭店服务所表现的各种能力的特性综合,就是我们通常所讲的服务质量。

对饭店前厅部而言,其销售产品的主题是服务,所以前厅服务质量是衡量饭店前厅部向宾客提供的各项服务的标准或尺度。

综上,前厅服务质量是指饭店前厅提供的实物产品和服务在使用价值上适合和满足宾客需要的程度。对于饭店前厅部来讲,服务质量的好坏主要来自两方面的因素:一方面是物的因素,即饭店前厅部的"硬件"因素,包括前厅部的建筑、装饰、设备设施等;另一方面是人的因素,即前厅部的"软件"设施,包括前厅部工作人员的工作作风、工作态度、服务技能、文化修养等,这两方面也是保证前厅部服务质量的关键因素。服务质量的真正内涵,不仅是宾客需求满足程度的综合反映,也是前厅部"软件"和"硬件"完美结合的具体体现。

任务 2-2　前厅服务质量的内容与特点

一、前厅服务质量的内容

就前厅部而言,服务质量主要包括设施设备质量、服务水平质量和环境气氛三个方面。

（一）设施设备质量

饭店是利用设施设备为宾客提供服务的,饭店前厅部也不例外。前厅部的设施设备是前厅服务的物质基础,也是宾客评价前厅服务质量的首要内容。假如前厅没有复印机、打印机等商务设施,就无法向客人提供相应的商务服务;没有高质量的商务设备,就不能保证服务的效果和成功率。不同的饭店,大堂的差别很大,设施设备的多少也不一样,因而所能提供的服务项目就不一样,所能满足客人需要的程度也就会有差别;不同材料、不同设备装修的大堂,其功能、舒适程度差别也会很大,因而客人的感受也就会有好有差。所以我们说,优良的服务质量离不开高档豪华、保养完好、运转正常的设施设备。

现代饭店前厅部常用的设施设备

饭店前厅最常用的设备是计算机,同时计算机必须有以下系统:预订管理系统、客房管理系统、客账管理系统、经理查询系统、报表管理系统、电话计费系统。

除了计算机外,经常配备的设备还有钥匙架、备用钥匙箱、电话总机设备、保险箱、打时机、世界时钟、打字机、复印机、电传机或传真机、信用卡印单机、货币识别机、各类文件柜等。

（二）服务水平质量

饭店前厅的服务是由饭店前厅部员工为宾客提供的,员工的服务水平高低是服务质量的主题,也是衡量前厅服务质量好坏的重要内容。前厅服务水平包括以下几个要素。

1. 服务的规范性、可靠性

服务的规范性、可靠性是指准确、可靠、按时、保质、保量、规范地向宾客提供所承诺的服务的能力。这一能力更多地来自饭店前厅部的相关规章制度、服务规范和服务程序。如在前厅接待程序中规定了接待员办理宾客登记入住手续所应遵循的标准：规范化的服务用语、标准化的服务步骤以及标准化的服务时间等，以确保员工向宾客提供高质量标准化的服务。

2. 服务的主动性

服务的主动性指的是员工为宾客提供优质服务的主观意愿和主动态度。一名优秀的服务员在对客服务时一定要做到：主动、热情、耐心、细致、周到。如果员工具有积极的服务主动性，即使完成服务的能力存在不足，但最后仍然能使宾客对服务过程产生良好的印象，获得宾客的谅解；相反，如果缺乏为宾客提供优质服务的良好愿望，工作态度消极，即使拥有熟练的业务技能，也不可能使宾客对所获取的服务产生好的印象。

 典型案例

失而复得的火车票

11:00 正是前台退房的高峰时段，宾客关系经理在大堂巡视时，突然发现前台的地面上有一张火车票，便立即捡起来，仔细一看发现是当天下午 1 点 15 分从武昌出发的动车票，想到客人丢了这么重要的票一定很着急，得尽快联系到客人。由于火车站实行实名制登记，所以火车票上面留有客人的姓名及相关信息。宾客关系经理急忙根据这些信息通过酒店管理系统查看是否有相似客人的入住记录，经查是通过艺龙网预订的入住客人，并在客人的入住信息里发现了熊先生的联系方式。宾客关系经理随即拨通了熊先生的电话，询问他是否在酒店遗失了火车票。此时熊先生正在为找不着火车票万分着急，得知火车票在前台后非常高兴，电话里表示非常感谢并说马上回来取。由于及时联系到了熊先生，过了大约半小时熊先生就回到酒店凭其身份证取走了火车票，拿到失而复得的火车票熊先生很高兴。

案例评析：

平时工作中宾客关系经理对大堂的巡视看起来很平凡，其实是很重要的。宾客关系经理在发现客人重要物品丢失的情况下，能够及时想办法联系客人，为客人减少了不必要的麻烦，以主动的服务赢得了客人的赞许。

3. 知识、能力和态度

知识、能力和态度指的是员工与宾客建立信赖关系，获取宾客信任而应具备的知识、能力和良好的服务态度，包括员工完成各项服务所需的业务技能、对宾客的礼节礼貌和尊重、与宾客之间的有效沟通以及对宾客利益的关心等。

娴熟的服务技能是提高服务水平、保证服务质量的技术前提，包括服务方式和服务技巧两个方面。服务方式是指饭店在热情、周到地为宾客服务时所采用的形式和方法，服务方式有多种，如微笑服务、个性化服务、细微服务、定制化服务、情感化服务等。服务技巧是指在不同场合、不同时间,针对不同的对象采取灵活的方式来进行处理。

作为饭店前厅部工作人员,各岗位员工要以自己熟练的业务技能、热情的服务态度,高效率地为宾客提供客房预订、入住登记、问讯服务、行李运送、商务服务等各项前厅服务,并使之达到甚至超越宾客预期的效果,为宾客带来宾至如归的心理感受的同时,使宾客对饭店前厅部的各项服务产生一个良好的印象,最终对饭店和饭店员工树立起信心,建立起信赖关系。

4. 情感投入

情感投入是员工在对客服务过程中所表露出来的对宾客的关心和重视,想客人之所想,急客人之所急,对宾客服务体现出亲切友好的态度,对宾客的需求表现出关心和重视。对于前厅部员工来说,只有把宾客当成自己的亲人,真情相待,从宾客的角度出发,才能及时发现宾客的需要,合理有效地解决宾客的难题,使他们把饭店当成自己的另一个"家"。

（三）环境气氛

环境气氛是前厅服务质量的重要组成部分。饭店前厅的环境气氛是由建筑、装饰、陈设、设施、灯光、颜色、声音以及员工的仪容仪表等因素共同组成的。这种视觉、听觉上的印象使宾客对饭店产生了第一印象,也就是说一个初次入住饭店的宾客在决定消费之前,无法直接感知饭店服务的优劣,而他对该饭店服务质量的印象和判断通常来自于饭店的硬件设施及员工的仪容仪表、礼节礼貌等。所以饭店前厅的环境气氛对宾客的心理感受影响较大,宾客往往把这种感受作为评价饭店质量优劣的依据之一。因此,饭店前厅要十分重视环境气氛的设计与布置,给宾客营造一种安静、舒适、愉快的氛围。

二、前厅服务质量的特点

饭店前厅服务质量与一般商品有较大的区别,主要表现在以下三个方面。

1. 产品的综合性

从表面上看,前厅部销售的产品是饭店客房的使用权,而事实上还应该包括附着在这一使用权上的客房预订、行李、接待、问讯、总机、商务等一系列综合服务和客人对这些服务产生的心理感受。前厅部员工的工作不仅仅是将饭店客房的使用权出售给客人,更是要利用一些方便客人的服务手段使客人心情愉悦地享受饭店的客房及相关服务。

2. 生产与消费的同时性

服务性行业尤其是饭店业产品主要以服务为主,其生产过程也不同于普通的制造业产品。制造业产品的生产过程与销售过程分离,生产厂家通过出厂前的层层产品检验发现不合格产品来控制产品的质量,即使客人购买了次品,也可予以退换。而服务性行业产品的生产,也就是服务过程,是同消费者购买产品,即享受服务的过程同时发生的,这要求饭店产品的生产必须一次成功,不允许有任何的差错。如果前厅部接待员在服务过程中对客人不够尊重,客人由此对饭店服务质量产生的不良印象一经形成,就很难挽回。因此,前厅部各级管理者和所有员工都要树立明确的质量意识,严格控制服务质量,在工作中保证百分之百的成功率,把最优质的服务带给客人。

3. 服务的情感性

前厅的服务质量和饭店服务质量一样,是由宾客来评价的,取决于宾客个人喜好,带有强烈的个人感情色彩。如果宾客是在轻松、融洽的氛围中接受服务,他们就会感到亲切、舒适,就会倾向于对服务质量给予良好的评价。反之,就会认为服务质量不尽如人意。因此,前厅工作人员要在规范化、标准化服务的基础上,针对宾客个性差异,提供具有针对性的服务,以满足不同宾客的心理需要。

延伸阅读

提高前厅服务质量的对策建议

酒店前厅服务虽说是一个无形的服务,但实质是酒店有形产品(软件/硬件)的延伸,酒店要想提高前厅服务质量,关键要做好前厅服务体系管理,即在规章制度和硬件/环境这两个方面着手做好前厅服务质量的过程管理、时间管理、信息管理和态度管理。

1. 加强酒店前厅服务过程管理

前厅服务是酒店提供给来店客人的第一个服务环节,酒店应在前厅服务上多下功夫,加强服务的过程管理。首先,要树立正确的服务观念,理解服务的真正内涵,提高和强化员工的服务意识,培养员工在服务过程中对服务的感性认识,将服务感觉和服务知觉融于服务行为之中,力求态度真诚,讲究服务效率,强调服务瞬间,做到服务到位或服务"越位",树立"宾客至上"的服务宗旨,永远牢记"感情服务"是前厅服务之灵魂。接下来是服务标准化,在服务过程中,将烦琐的服务手续简单化,将简单的服务固化,将固化的服务标准化和制度化,不断精益求精,追求完美。其次,大力推行个性化服务,包括定制化服务、意外服务、创新服务、细微服务、特色服务等,真正做到"人无我有,人有我优"。最后,做好服务的关键环节和授权管理,通过服务过程管控找出关键环节,在关键环节上优化服务流程和授权管理,比如顾客在前厅登记时,往往会提到客房升级要求,充分授权前厅接待员,满足顾客需求,给顾客最大的满足感。

2. 加强酒店前厅服务时间管理

在酒店接待管理中,时间历来是顾客与酒店都非常关注的话题,也是最容易引起顾客情绪波动的事项,"快速"与"及时"是酒店服务管理所追求的永恒话题,如何做到省时服务、及时服务、准时服务和适时服务?一方面要加强员工培训,做到系统操作熟练、操作流程熟练、酒店环境熟练,力求将"人、机、环"融于一体。另一方面要优化服务流程,尽量将服务流程的各个环节缩短,减少不必要的环节,避免因流程长、手续烦琐而浪费时间。

3. 加强酒店信息管理

信息是酒店前厅服务最基础的内容,不仅包括顾客预订信息,还包括酒店及周边环境信息,甚至包括顾客踏入酒店大门所带来的信息。酒店前厅服务人员只有准确地掌握顾客信息,才能将服务做到精准;只有熟悉顾客信息,才能将服务深入顾客的心里;只有丰富各种信息,才能满足顾客的各种需求,真正做到全方位服务。酒店要加强信息管理,首先要做好信息收集,不仅要在工作中去收集,还要在日常生活中去获取;其次要做好体验工作,熟练掌握信息的最有效途径是去体验,只有经过体验的信息才最有价值,酒店应经常组织员工去体验周边的餐饮、娱乐场所和入住酒店客房等;最后要做好信息加工工作,将各种信息进行梳理,分门别类,形成酒店独特的信息库。

4. 加强员工服务态度管理

酒店前厅服务实质是一个无形的服务,服务质量主要取决于服务人员将服务传递给顾客的方式、方法、情绪等,以及顾客在接受过程中的感知,特别是来自服务人员的情绪传递。心理学研究表明,情绪是可以传递的。因此,服务人员对待顾客的态度和感情,对顾客服务感知有很大的影响,包括员工形体、表情、语言和精神状态等。员工服务首先要真诚,真诚是关键,是一切态度的源泉,其次应表现为热情友善,最后才是灵活多变和做到有礼有节。

(资料来源:吕三玉,等.酒店前厅服务质量影响因素研究[J].旅游学刊,2014(10).)

任务 2-3　前厅服务质量控制

前厅服务质量控制是饭店服务质量控制体系的重要组成部分,是前厅接待服务工作正常运转的重要保证。控制是管理的具体体现,是管理的有效延伸。因此,作为前厅部员工,应该对服务质量控制的目标及全过程有一个清晰的认识,并在接待服务工作中有效地加以运用和实践,不断提高职业技能水平。

一、前厅服务质量控制的原则

1. 宾客至上

对饭店经营者,尤其是前厅部各级员工来说,产品质量的评判者是自己所面对的宾客。只有令客人满意的服务才是优质服务,而只有靠优质服务才能吸引更多的客人,为饭店和个人带来更好的效益。因此,在前厅部质量控制过程当中,要求员工时刻从客人的角度出发,把客人的利益放在第一位,想客人所想,急客人所急。把困难留给自己,把方便给予客人。只有树立了"宾客至上"的意识才能确保良好的质量控制效果。

📚 **典型案例**

看　房

某年 4 月的一天,某酒店前台来了一群年轻人,想订六月份的婚房,请前台推荐房型。前台向客人推荐了套房和行政套房后,客人询问是否还有更好的房型。前台告知客人 VIP 套房是酒店最好的房间,此房也可专门布置成结婚套房,但此房只有一间且已有客人在住,不能看房,只能看图片。随后,前台将套房和行政套房的房卡制作好,交给行李员带客人看房。客人看过以上两种房型后,不太满意,要求看 VIP套房,行李员告知住客房间是不能够参观的,但看房客人称如果酒店为难,她们可以自己去跟住店客人商量看房。行李员虽然知道住客房间不能参观,也告诉了客人,但考虑到结婚是人生大事,加之客人的一再央求,心一软就带着客人来到 VIP 套房所在楼层,并决定先自己去询问住客的意见。谁知行李员刚和住客碰面,看房客人就自行走到了门前与住客商量起来,住客虽然面带不悦,但不得已最后还是同意了看房。事后宾客关系经理知晓此事后,专门向住店客人表示了歉意。

案例评析:

在本案例中,前台已明确拒绝客人的看房要求,但行李员没有坚持原则,最后导致住客的不悦。按照规定,在客人住店期间,客房的使用权是归住客所有的,酒店方如无正当理由不能随意进出此房。

当班期间,如有超出自己权限范围的事情发生,要立即报告给上级,不要自己擅自处理。

酒店虽然要为客人提供优质服务、个性化服务,但为一方客人服务好的同时,不能触及另一方客人的利益。所以,酒店员工应当灵活地秉承"宾客至上"的理念。

后期酒店应加强员工培训,熟练掌握工作中所需的各项操作流程,遇到不熟悉的、不确定的情况时,立即询问其他同事或上级,而不要主观臆断,错误操作。

2. 预防为主

进行前厅服务质量控制，要贯彻"以防为主"的方针，这是由服务质量的"一次性"特点所决定的。要尽可能将一切质量问题消灭在萌芽状态之中。在前厅部质量控制过程中，全体员工必须时刻保持清醒的头脑，把服务质量放在首位，绝不能有丝毫的马虎、松懈和侥幸心理。认真仔细地分析服务程序的每一个环节，绝不放过任何一个可能影响服务质量的细节。从严从细地抓好每一个细小环节，充分考虑可能遇到的各种困难，准备应付任何突发情况。宁可事先预防，绝不事后补救。对饭店业而言，事后补救所花的"纠错成本"常常数倍于事先预防的投入，而且得不到期望的效果。所以，在前厅部质量控制过程中，一定要坚持以预防为主，防患未然的控制原则。

3. 以人为本

"以人为本"就是要重视具体实施对客服务的一线员工。客人是服务质量的裁判，而员工是优质服务的基本保证。"没有满意的员工，就没有满意的宾客"，如果缺乏一批具备积极的工作热情、高度的工作责任感和娴熟的服务技能的高素质员工，即使拥有再豪华的硬件设备，再先进的管理方法，也无法保证向客人提供高质量的服务。

为了达到这一目的，前厅部管理者必须加强同下属员工的沟通和联系，了解员工的思想，解决员工的困难，重视员工的成长。通过对员工进行职业道德、业务技能的教育和培训，从思想上确立员工的服务意识。同时通过一系列行之有效的奖惩制度和激励措施，使员工在行动上加以贯彻落实。在加强员工培训的同时，管理者还要充分信任员工的能力和判断，鼓励员工为前厅部服务质量的控制和管理提出合理化建议，不轻易否定员工的想法和建议。

二、前厅服务质量控制的任务

1. 建立组织机构

建立包括大堂副理在内的质量管理小组，并明确其职责和权限。定期检查和研究前厅工作中存在的服务质量问题，并对前厅服务质量进行督促和指导。建立宾客意见征集等服务质量反馈机制，完善服务质量保证体系，从而保证对前厅服务质量的有效监控。

2. 制定严格的操作规范

在前厅接待服务工作中，应对服务人员重复性的操作行为予以规范，并进一步制度化。要制定一套科学、合理、标准化的前厅服务操作规程，使前厅服务按标准、有步骤地进行，这也是前厅服务质量过程控制的关键。

操作规范不仅是前厅工作人员操作的依据，也是服务质量控制的标准，是前厅服务质量管理工作规范化、标准化、程序化的前提条件。规范前厅工作人员的操作主要有两个重要意义:第一,把规范化的服务标准上升为制度化,消除服务人员操作的随意性,确保服务质量;第二,有利于服务人员在工作实践中不断地自我完善和提高。此外,在对前厅服务质量管理的过程中,还要注意对操作规程的研究和修订工作,使之不断得到完善。规范化、制度化的完善主要包括各岗位工种在接待服务过程中每一项具体的操作步骤、要求、工作质量原始记录、反馈意见、分析总结以及修订实施等内容。

3. 坚持岗前培训

岗前培训是保证服务质量必不可少的重要工作。通过参加岗前培训,可以让员工掌握相应的知识、岗位技能,增强员工质量意识,提高员工参加服务质量管理的自觉性,也很好地体现了"以防为主"的思想。

4. 加强在岗督导

要加强服务过程中的督促检查与指导,保证各项服务按操作规程进行。服务过程中的现场指导是保证服务质量的有效管理方法之一。督导人员通过深入现场,发现问题后立即进行指导、纠正,使服务质量得到了有效的保证。

5. 认真对质量进行分析研究

应该经常性地对宾客反映的前厅服务质量问题进行分析研究,找出发生质量问题的原因,采取措施,并及时进行纠正。

三、前厅服务质量控制的过程

(一)服务质量初始控制

1. 环境质量控制

宾客在消费过程中期望得到的物质享受是表面的、有形的,而心理感受则是潜在的、无形的,两者结合起来,最终形成宾客对服务产品的总体评价。一般来说,整洁、幽雅的前厅服务环境能够满足宾客的精神享受。前厅服务环境质量主要表现为服务布局合理、建筑装饰有特色、空间艺术感染力强、灯光色彩照明和谐,以及清洁卫生状况良好等。除此之外,还应该包括各种客用和自用设备用品的维护及设备的完好程度等。

2. 行为质量控制

前厅接待服务主要以服务人员的手工操作为主,这与饭店客房、餐饮服务有很大的区别。客房服务质量多表现在房内设施性能状况、卫生清洁程度、用品齐全与否等方面;餐饮服务质量多取决于用餐环境、菜肴质量等方面。而在前厅服务中,服务人员的着装、仪容仪表、语言及应变能力等直接影响着服务质量。

前厅服务员行为质量控制主要包括服务态度、服务技能、服务效率、语言、仪表仪容、礼节礼貌、行为举止、操作规范等方面的内容。因此,前厅服务质量控制具有对服务人员综合素质和自控行为能力要求高、依赖性强、服务过程短暂性等特点。

（二）服务质量过程控制

1. 客我双方沟通融合性

前厅服务人员在接待服务中,与宾客的情感沟通和融合是服务质量形成过程中不可忽视的内容。其要求服务人员能够站在宾客的角度来考虑自己的工作行为。这种思维方式,就是在维护宾客与饭店的双重利益,是个性化服务、亲情服务及超值服务的具体体现,同时也是培养忠诚顾客的良好时机。提供具有情感色彩的服务是在营销及接待服务过程中前厅服务员应该努力追求的目标。

 知识链接

与客人沟通的技巧

（1）重视与客人的"心理服务"。酒店为客人提供"双重服务",即"功能服务"和"心理服务"。"功能服务"满足消费者的实际需要,而"心理服务"就是除了满足消费者的实际需要以外,还要能使消费者得到一种"经历"。因此,作为前厅服务员,只要能让客人经历轻松愉快的人际交往,就是给客人提供了优质的"心理服务",就是生产了优质的"经历"产品。

（2）对客人不仅要斯文和彬彬有礼,而且要做到"谦恭""殷勤"。斯文和彬彬有礼,只能防止和避免客人"不满意",而只有"谦恭""殷勤"才能真正赢得客人的"满意"。所谓"殷勤",就是对待客人要热情周到,笑脸相迎,问寒问暖;而要做到"谦恭",就不仅意味着不能去和客人"比高低、争输赢",而且要有意识地把"出风头的机会"全都让给客人。

（3）对待客人,要"善解人意"。要给客人以"亲切感",除了要做"感情上的富有者"以外,还必须"善解人意",即能够通过察言观色,正确判断客人的处境和心情,并能根据客人的处境和心情,对客人做出适当的语言和行为反应。

（4）"反"话"正"说。即要讲究语言艺术,特别是要掌握说"不"的艺术,要尽可能用"肯定"的语气去表示"否定"的意思。比如,可以用"您可以到那边去吸烟",代替"您不能在这里吸烟";"请稍等,您的房间马上就收拾好",代替"对不起,您的房间还没有收拾好"。在必须说"NO"时,也要多向客人解释,避免用生硬的口气回绝客人。

（5）否定自己,而不要否定客人。在与客人沟通中出现障碍时,要善于首先否定自己,而不要去否定客人。比如,应该说:"如果我有什么地方没有说清楚,我可以再说一遍。"

（6）投其所好，避其所忌。客人有什么愿意展示出来的长处，要帮他表现出来；反之，如果客人有什么不愿意让别人知道的短处，则要帮他遮盖或隐藏起来。比如，当客人在酒店"出洋相"时，要尽量帮客人遮盖或淡化之，决不能嘲笑客人。

 典型案例

客人带水果进入房间

一个夏日的晚上 6：35，客房服务员小胡到 806 房间为客人做夜床。当她打开房门时，不禁被眼前的情景吓了一跳：房间内一片狼藉，西瓜皮、西瓜子撒满地面，卫生间的毛巾也被拿进房间，而且染上了红红的西瓜汁……

小胡正准备整理时，806 房间的张先生手里捧着一个西瓜回来了，看到小胡，张先生有点儿不好意思地说："下午几个朋友来玩，玩得开心，没有水果刀，比赛谁的拳头硬，能砸开西瓜，结果房间被弄得乱七八糟……"小胡微笑着对客人说："这是我的工作没有做好，没有看到您带水果进入房间。等会儿我为您拿把专门切西瓜的刀来，您用起来会方便些。"说完，小胡认真地为客人整理好房间，并换上干净的毛巾，又为客人拿来了水果刀、果盘和一包餐巾纸。客人看着整洁的房间和没有一点儿抱怨的小胡，连说："谢谢。"小胡愉快地对客人说："这是我应该做的。"

案例评析：

案例中的小胡通过运用沟通的技巧，真诚待人，从而感动了客人，达到了非常好的服务效果。小胡深信"宾客永远不会错"的道理，在工作中遇到问题时，她没有去责怪客人的素质问题，而是通过自己的实际行动来感化客人，此后，相信张先生再也不会把房间弄得乱七八糟。

小胡借水果刀和果盘给客人，以方便客人使用。进而举一反三，服务员为带水果进入房间的客人洗水果、装盘，虽然增加了服务员的一些工作，但为客人带来了极大的方便，也避免了果汁多和有色果汁的水果污染地毯或房间内其他设备用品，如有些客人在卫生间洗杨梅时会将杨梅果汁渗入卫生间的大理石台面，造成难以处理的后果。

2．操作规范严密性

前厅服务员的工作具有重复性的特点，但由于存在不同宾客的不同需求以及同一宾客的不同需求，因此，必须对前厅工作人员的操作行为予以规范。

（三）服务质量目标控制

前厅服务过程中的每一次"客我活动"，由于受时间、环境、对象、心理、标准等多方面因素的影响，其服务质量和结果是不尽相同的。所以，应该从每次服务的"准入—开始—进行—结束"固定模式中不断创造新的、更好的服务，来满足宾客的消费要求,从而达到既定的服务标准,实现既定的服务质量目标。

1. "一站式"服务

减少中间环节、缩短过程实践、提高效率是"一站式"服务的核心。前厅服务具有工种岗位多、与客人接触多、手工劳务操作多、持续工作时间长、业务涉及范围广等特点。这就要求前厅服务员更要耐心、细致地为客人提供诸如反复查询、解决疑难问题、委托代办、联系协调等超常服务。所以,"一站式"服务是前厅服务质量控制所追求的重要目标。

2. 宾客满意度

宾客满意度是前厅服务质量好坏的最终反映,宾客对前厅服务的满意度取决于他们对每一次具体服务的物质和精神感受。因此,提高宾客满意度必须从满足宾客的需求出发,注意揣摩宾客的心理,慎重妥善处理宾客的投诉,尤其注意宾客潜在的、隐含的需求,提供有针对性的服务,这是前厅服务质量控制所追求的最终目标。

3. 顾客忠诚

留住老客户是企业长期成功的关键。根据统计数据表明,现代饭店企业 57% 的销售额是来自 12% 的重要客户,而其余 88% 中的大部分客户对饭店来说属于微利;开发一个新客户的成本是留住一个老客户成本的 5 倍,而流失一个老客户的损失,只有争取 10 个新客户才能弥补。因此,留住老客户,培养顾客忠诚度,保持宾客的回头率,是前厅服务质量控制追求的又一重要目标。

任务 2-4　前厅部的全面质量管理

全面质量管理(Total Quality Management,TQM)起源于 20 世纪 60 年代的美国,首先在工业企业中应用,后又推广到服务性行业,取得了良好的效果。它是把经营管理、专业技术、数据统计和思想教育结合起来,形成从市场调查、产品设计、制造直至使用服务的一个完整的质量体系,使企业管理质量进一步科学化、标准化。全面质量管理的核心思想是在一个企业内各部门中做出质量发展、质量保持、质量改进计划,从而以最为经济的水平进行生产与服务,使用户或消费者获得最大的满意。

一、前厅全面质量管理的含义

全面质量管理要求饭店以宾客需求为中心,以全体员工参加为保证,以服务技能和科学方法为手段,实现饭店最佳的经济效益与社会效益。饭店业引入全面质量管理的思想改变了传统的质量管理思想,把质量管理的重点放在以预防为主,从以检查服务结果为主转变为以控制服务质量问题的产生为主。

前厅全面质量管理可以定义为:在饭店前厅范围内,广泛开展的、为提高服务质量而采取的各种管理方法和手段。

二、前厅全面质量管理的特点

前厅全面质量管理是针对传统的事后质量检查而言的,它要求贯彻预防为主的方针,从系统理论出发,把前厅服务作为一个整体,以控制服务过程,提供最佳服务为目标。前厅全面质量管理的重点在于对"全面"的理解上,全面质量管理的特点可概括为:全方位、全过程、全员参与。

1. 全方位的管理

全面质量管理注重整体性。前厅服务质量的高低取决于各岗位每一位员工的工作表现,因此,前厅每一个岗位都应参与质量管理。

同时,前厅服务工作全面质量管理的对象是全面的,不仅要对宾客的需求质量进行管理,而且要对前厅部各项工作的质量进行管理;不仅要对物质需求质量进行管理,而且要对精神需求质量进行管理;不仅要对物进行管理,更重要的是对人进行管理。总之,要重视前厅服务的任何一个细节,并把它作为质量管理不可缺少的一个部分。所以,前厅服务工作的全面质量管理是全方位的质量管理。

2. 全过程的管理

这个全过程是指前厅服务工作的全部过程,包括服务前、服务中和服务后三个阶段。前厅部对客服务质量的管理和控制不仅仅发生在服务实施过程中,还应贯穿服务的事前准备、事中控制和事后跟踪这个全过程。通过事前的充分准备,准确预测宾客的服务需求并做好相应准备;在向宾客提供服务的过程中,加强监督、检查和控制,及时发现并解决服务过程中可能出现的各种问题;服务完成后,及时与宾客进行沟通与交流,了解宾客对服务的感受,征求他们对服务工作的意见和建议,并及时予以改进。

3. 全员参与的管理

前厅服务质量管理应该由前厅部的全体员工共同参与,而不能仅仅依靠少数的管理人员或服务质量监督人员。无论是普通服务员还是前厅部经理,前厅部每个员工都有责任来维护和提高前厅部的服务质量,每个人都应自觉抵制影响服务质量的行为或举动。前厅部的各级管理者和全体员工都应该积极学习和理解全面质量管理,在实际工作中切实按照质量管理标准实现饭店优质的服务。

知识链接

武汉纽宾凯鲁广国际酒店前厅部细节服务要点

(1) 前台退房高峰期,请客人到休息区稍候,待查房结果出来后,准备好账单由专人送至客人面前或亲自请客人至前台,避免客人等待过程中焦急烦躁。

（2）退房时主动询问客人是否需要出租车或停车券,双大堂的酒店可在一楼礼宾台增设发券处,提高效率。

（3）管家每晚向入住的行政楼层客人赠送果篮时附有图文并茂的次日天气预报小卡片,温馨提醒客人天气变化和客房雨伞放置位置等信息。

（4）前台设立电子相框,展示客房图片、介绍酒廊服务项目和员工个人资料等信息,让客人对酒店产品产生良好的第一印象。

（5）根据季节调整大堂免饮区饮品,在人手充足的时候,安排员工为到店的和在大堂休息的客人奉茶。

（6）接机时为客人提供冰、热毛巾,报纸、矿泉水、MP3和平板电脑等物品。

（7）为日本长住客刻录专用的日文歌碟,用于每天上下班通勤车辆上使用。

（8）推出快速退房服务,客人离店前一天将账单准备好放入房间,客人离店时将签好的账单送到前台或电话通知总机即可离店。

（9）对长住客人每日的迎送及行程安排,酒店有专人负责沟通与确认,包括用餐安排、用车安排等,并通知各部门进行跟进。

（10）若团体客人住房量达到一定数量,为避免前台或大堂客流量过大,设置临时团队接待处,办理入住退房手续,有效地分流客人,提高效率。

（11）积极联系酒店附近出租车公司/车队,分长短途、机场、高铁、火车站及其他。以便保证高峰时段客人的用车需求。

（12）增配酒廊冰沙机,增加酒廊出品,如鸡尾酒、洋酒、花式咖啡、茶类、冰沙系列、奶茶、鲜榨果汁、小食果盘等,夏季主推冷饮。

（13）对行政酒廊进行主题布置。

（14）优化酒店卡片背面地图信息,便于出租车司机或客人找到酒店。

（15）宾客关系主任对当日入住的VIP客人发送入住欢迎短信,对翌日退房客人发送天气及路况信息短信。

（16）灵活地为客人提供所需服务,如在前台为客人提供复印服务。

（17）在对客服务过程中向客人介绍酒店,介绍自己,建立信任。

（18）礼宾部在收到客人要寄存的行李箱时,准备一块干净的抹布将客人的行李箱擦拭一下。

（19）在夏季高温的部分时间段,前厅与客房配合对部分楼层进行提前插取电卡开启空调。

（20）如客人是第一次来专门游玩的,不知道景点在哪里,也不知道游玩参观的线路,可以为其免费提供一份市交通地图,还有特别景点信息,提前预测客人的需要,并给予满足。

（21）有些客人有可能会带宠物入住酒店,而酒店可能不允许宠物住店,酒店会为客人的宠物准备一个特殊的地方让客人将他的宠物放在那里,并在客人下次住店时提前为客人准备好。

(22) 如果住店期间正好赶上客人的生日,酒店会给客人提供生日贺卡、鲜花、生日蛋糕等礼物。

(23) 为行动不方便的顾客提供搀扶或轮椅服务。

三、前厅全面质量管理的过程

饭店前厅全面质量管理一般要经过计划—实施—评估—反馈几个阶段。质量管理是一项系统性的工作,只有长期持久地开展全面质量管理,才能保证前厅部服务质量的不断提高。

1. 全面质量管理的计划与准备

前厅部在实施全面质量管理之前,应做好周密的计划和充分的准备,为具体实施创造良好的环境和条件。计划工作主要包括确定实施全面质量管理的时间、所需条件、实施步骤、遇到问题和挫折时的应急措施等。前期准备工作包括员工的培训与教育、质量标准的制定与修正、具体实施前的动员、各种硬件设备的投入与维护等。在这一阶段中,前厅部管理人员切忌操之过急,因为在各种条件不成熟时仓促实施,只会欲速则不达,导致失败;只有在全体员工完全理解了全面质量管理的意义、必要性,在各项相应制度、措施、标准、设置设备等外部条件完备时,才能真正实施。

2. 全面质量管理的实施

在具体实施过程中,前厅管理者要注意以下几点:

(1) 简单化。具体的管理制度、管理手段不能过于复杂,应该尽量简单化,便于员工理解和执行。简单化主要体现在语言的通俗化和程序的简单化上。语言通俗便于员工理解和领会;合理简化的程序可以提高服务的效率和成功率,从而确保服务质量。

(2) 持续性。饭店前厅管理者应该认识到,即使实施了全面质量管理,服务质量也不可能在短时间内有质的改变。全面质量管理是一项系统工程,需要饭店和前厅管理人员长久持续地坚持下去,才能不断提高服务质量。任何操之过急、揠苗助长的短期行为都会带来相反的结果。

(3) 倾听和沟通。前厅部各级管理人员在日常工作中,要时刻注意倾听一线员工对质量管理的意见和建议,了解宾客对前厅服务质量的实际感受,在质量管理过程中不断对质量管理的方法和标准进行调整,使之更加完善。全面质量管理要求管理者能够广泛听取各方面的意见和建议,切忌独断专行。

(4) 明确管理目的。在实施全面质量管理过程中,前厅部管理人员和员工要时刻明确实施全面质量管理的根本目的是满足宾客的需求，提高宾客满意度，为饭店和本部门创造良好的经济效益和社会效益。同时，前厅部全体员工还要认识到全面质量管理并不是机械地、一成不变地执行条文和标准，而是要在充分理解和掌握质量标准的前提下，灵活运用各种服务方式满足宾客，从而达到质量管理的基本目的。

（5）灵活管理。在质量管理过程中出现的新情况、新问题，一线员工通常会根据当时的具体情况创造性地做出一些决定进行解决和处理。对此，前厅部管理者应以对客服务的实际效果和对饭店长远利益的影响为依据来评判员工的行为，而不要简单死板地照搬规章条文做出决定。

（6）掌握进程。前厅部管理人员要时刻了解并掌握全面质量管理的实际进展情况，明确质量管理的目标和所取得的成绩，控制质量管理进行的节奏，及时对全面质量管理的效果和成绩进行阶段性的评估，总结管理过程中的经验和教训，使全面质量管理更好地开展下去。

3．全面质量管理的评估和反馈

在实际工作中，前厅部管理人员应有计划地对全面质量管理的效果做出阶段性的评估，并将评估结果及时反馈给员工，肯定他们成绩的同时，坚定他们实施全面质量管理的信心和决心，争取使全面质量管理继续取得更大的成功。

通常，衡量全面质量管理成功与否的标准有以下三个。

（1）实施全面质量管理应能保证建立宾客的忠诚与信任，不断吸引新老客户，保证稳定的客房出租率和较高的平均房价。

（2）在保证稳定的客房出租率和较高的平均房价的基础上，应使前厅部的客房销售额和利润指标稳中有升。

（3）通过在实施全面质量管理过程中对员工的培训与激励，使前厅员工的业务能力、工作责任心和工作自豪感能够得到普遍提高。同时，全面质量管理所提倡的全员参与、上下沟通的交流方式能为员工创造轻松、融洽的工作环境，增加员工对团队的信任与信心，保持员工队伍的相对稳定。

在对前厅部全面质量管理做出阶段性评估之后，前厅管理人员必须尽快将评估的结果反馈给全体员工，对成功经验予以肯定并推广，对失败教训进行分析和总结。这样做的目的，一方面能使员工明确自己的成绩与不足，以指导下一阶段的服务工作；另一方面是为了调整全面质量管理的计划、内容和方法，使其更加符合管理的根本目的，保证下一阶段的前厅全面质量管理取得更大的成果。

在对全面质量管理进行评估的过程中，前厅部管理人员还应正确对待员工的错误或过失，具体分析造成错误的原因并加以区别对待，既要对员工消极对待质量管理的行为严格惩罚，又要对勇于打破常规、探索创新的员工予以支持和激励，做到奖惩分明,否则,将会打击员工工作的积极性和创造性。

综上所述,全面质量管理是一项长期的系统管理工程,需要前厅部管理人员周密计划、全体员工积极参与、上下一心,勇于探索,敢于创新,有计划、有步骤地利用各种管理手段,保证前厅部服务质量持续稳定地提高,为饭店创造良好的社会形象和可观的经济效益。

学习情境 3　前厅信息管理

前厅部是饭店的"神经中枢",是饭店信息的集散地,担负着收集、加工、处理和传递饭店各种经营信息的职能。它提供的信息是饭店其他部门安排工作及饭店领导层进行业务决策的重要依据。前厅部的信息管理是否准确,直接关系整个饭店的运转是否高效和对客服务质量的高低。

任务 3-1　前厅部信息管理概述

一、前厅部信息管理的内容

1. 收集客源市场信息

客源市场信息包括客源构成,宾客流量,宾客的意见和要求,国家政策、经济形势、社会时事对饭店产品销售的影响等。

2. 建立信息管理系统

即建立信息收集、传递、处理制度,建立并完善前厅信息管理系统。信息管理包括从手工操作到使用计算机单机再到计算机联网,逐步建立并健全综合管理信息中心。

3. 收集饭店内部信息

从原始数据管理做起,收集前厅及饭店其他部门的内部信息,如宾客登记表、客房预订单、订房预测报表、营业报表、客房统计表、收银报表、夜间稽核报表等。

4. 建立客史档案

建立客户档案,并分析客户档案,把 VIP 客人和团体资料收集起来进行分类和统计分析,找出饭店和客源市场联系的切入点,提高服务质量,增加回头客。

5. 做好沟通协调

搞好前厅部内部之间和本部门与其他部门之间的沟通协调工作。

二、前厅信息管理的基本要求

1. 内容准确

信息要准确无误,这是信息管理的基本要求。

2. 目的明确

前厅信息管理要保证沟通的信息内容容易被对方接受;理解对方,了解对方的确切意见;得到承认,意见被对方接受;让对方明晰要做什么、何时做、为什么要做及怎么去做。

3. 沟通及时

信息具有很强的实效性,因此信息传递要及时。

4. 渠道畅通

前厅信息沟通渠道包括前厅内部信息沟通、前厅与客人信息沟通、前厅与饭店部门之间信息沟通三种。各部门员工要清楚信息沟通的目的、方法、方向及如何将这些信息进行妥善处理,保证信息渠道畅通。

5. 方法科学

根据信息的性质,来选择适当的信息沟通方法。

6. 着眼全局

为进行有效的信息沟通,前厅部各岗位、各环节必须以全局利益为重,加强对员工的培训,让员工熟悉前厅以及饭店的运转程序,饭店在可能的情况下有必要对员工进行交叉培训,增进员工对其他部门工作的了解;组织员工集体活动,增进员工之间的相互了解,加强团结。

三、前厅信息沟通的方法

1. 计算机系统

计算机系统的最大特点是信息沟通准确、迅速,沟通的中间环节少。前厅饭店计算机系统包括订房系统、入住登记系统、电话管理系统、收银系统、客房管理系统、综合分析管理系统等。

2. 报表、报告和备忘录

前厅部内外沟通多采用报表、报告和备忘录等方法。报表包括营业统计报表、营业情况分析报表、内部运行表格;报告包括按饭店组织机构管理层次逐级呈交的季度、月度工作报告;备忘录是饭店上下级、部门间沟通、协调的一种有效形式,包括工作请示、指示、汇报、建议、批示等。

3. 日志、记事簿

日志、记事簿是饭店各部门主管、领班之间相互联系的纽带,主要用来记录本班组工作中发生的问题、尚未完成需下一班组续办的事宜。前厅部各环节各班组均需建立此制度。现代饭店的交接班均采用此方法。

4. 例会

例会是信息交流、沟通联络并及时传递信息、指令的一个主要手段。常见的例会有饭店高层的行政例会、部门班组的班前班后例会等。

5. 员工团体活动

丰富多彩的团体活动是消除各班之间误解、隔阂,加强交流的较为理想的方法,应提倡饭店定期、不定期地举办这类团体活动来加强沟通。

任务 3-2　前厅部与其他部门的信息沟通

一、前厅部内部的沟通协调

在信息沟通传递方面,首先要进行的是前厅部内部的信息沟通。前厅部的业务分工较为繁杂,一般应有以下岗位:大堂副理、前台、总机、预订处、商务中心、礼宾部、车队。各工种、各班组、各环节之间及时准确的信息传递与沟通对服务效率与服务水平的提高非常关键。

1. 预订处与接待处的信息传递

预订处每日将预订客房情况、预订更改取消情况、次日抵店客人情况、延期抵店情况等方面的信息传递给接待处(见图 3-1),而接待处则将每日实际抵店客人情况、实际离店客人情况、提前离店客人情况、延期离店客人情况、客人换房情况、预订未

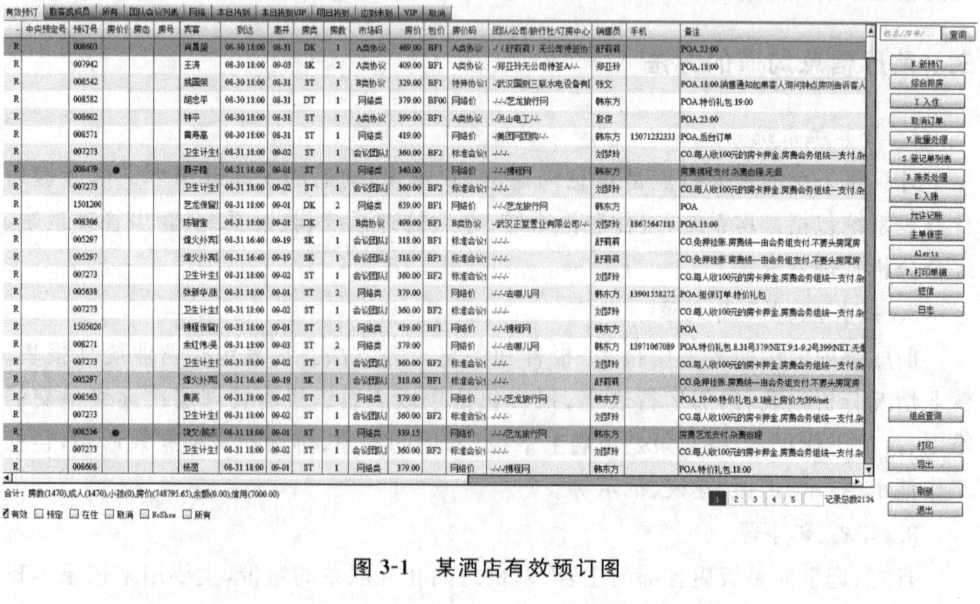

图 3-1　某酒店有效预订图

到客人情况等信息传递给预订处,以便预订员及时了解客房状态,确保客房预订信息的准确。

2. 预订处、接待处与礼宾部的信息传递

预订处将需要接送的预订客人信息以及 VIP 客人的预订信息、团队宾客预订信息传递至礼宾部,以便礼宾部做好接站及行李运送准备。接待处则将次日离店客人信息、VIP 客人次日离店信息、提前离店或延期离店客人信息、团队客人离店信息等传递给大厅服务处。

3. 接待处与收银处的信息传递

接待处将办理入住登记手续的散客账单、团队总账单与分账单、登记表以及影印好的信用卡签购单等交给前厅结账处,以便结账处建立客账并做客账累计。接待处还应将客人的换房或房价更改及客人转账信息及时传递给结账处。当客人结账后,前厅结账处应立即将信息传达给接待处,以便更改客房状况。同时,双方夜班员还应就当日的客房营业收入进行细致的核对,确保正确反映饭店营业情况。

二、前厅部与其他部门的信息沟通

饭店对客服务是整体性的,并非某一部门、某一班组或某一人能够独立完成的,饭店各部门之间必须有良好的工作联系、信息沟通、团结协作。前厅部作为饭店的"神经中枢",必须与其他部门有效地沟通,才能使饭店各部门协调地为客人提供良好的服务。

(一)前厅部与总经理办公室之间的沟通协调

前厅部与总经理办公室的工作联系较多,除了应向总经理请求汇报对客服务过程中的重大事件外,平时还应于总经理办公室沟通以下信息。

1. 接待工作

(1)房价的制定与修改。

(2)免费、折扣、定金、贵宾接待规格、客房销售等项政策的呈报与批准。

(3)每日递交"在店贵宾/团队表""预期离店 VIP 客人名单""客房营业日报表""营业情况对照表"等。

2. 预订工作

(1)定期呈报"客情预报表"。

(2)每日递交"客情预报表""次日抵店客人名单"。

(3)递交"贵宾接待规格审批表",报告已预订客房的贵宾情况;贵宾抵店前,递交"贵宾接待通知单"。

(4)每日递交"房价及预订情况分析表""客源分析表""客源地理分布表"。

3. 问询工作

转交有关邮件、留言。

4. 电话总机工作

了解正、副总经理的值班安排及去向,以提供呼唤找人服务。

（二）前厅部与客房部之间的沟通协调

前厅部与客房部的工作联系最为密切,是不可分割的整体。这两个部门的沟通协调十分重要,直接影响对客服务的质量。前厅部与客房部信息沟通的主要内容如下。

1. 接待工作

（1）客房部楼层应每日向前台接待处提交"楼层报告",以便前台控制房态。前台应提交"客房状况差异表",这是协调客房销售与客房管理之间关系的重要环节,也是前厅部与客房部最重要的信息沟通内容之一。以确保客房状况信息显示准确无误。

（2）团队客人抵店前,送交"团队用房分配表"。

（3）送交"特殊要求通知单",将客人提出的房内特殊服务要求通知客房部。

（4）用电话及时通报客人入住和退房情况。

（5）送交"房间/房价变更通知单",把客人用房的变动情况通知客房部。

（6）每日送交"预期离店客人名单""在店贵宾/团队表""待修客房一览表"。

（7）及时沟通客人的相关情况和信息,如楼层应将客人在房内小酒吧的消费情况通知前台。

2. 预订工作

（1）每日送交"客情预测表"。

（2）送交"次日抵店客人名单"。

（3）书面通知订房客人房内布置要求、所需的房内特殊服务要求。

（4）贵宾抵店前,递交"贵宾接待通知单"。

（5）贵宾抵店的当天,将准备好的欢迎信、欢迎卡送交客房部,以便客房部做好贵宾客房的布置。

3. 问讯工作

客房部应将走客房内所发现的遗留物品的情况通知问讯处。

4. 礼宾工作

（1）将需递送的报纸及"报纸递送单"送交客房部。

（2）递送抵店的团队客人行李或其他客人物品时,如客人不在客房,请客房服务员打开房间。

5. 电话总机工作

白天,如发现客人对叫醒服务无反应,应请客房服务员前去探视。

(三) 前厅部与餐饮部之间的沟通协调

"食""宿"是住店客人最基本的需求,也是饭店两大主要的收入来源。前厅部与餐饮部的沟通协调,有利于餐饮部加强管理,提高效益。比如前厅部要向餐饮部提供客人的信用信息,以便餐厅决定是否可以接受客人签单;向餐饮部提供住店客人信息,以便餐厅经理能够合理排班,预测营业收入。另一方面餐饮部要将住店客人的消费信息及时、准确地提供给前台收银,以便记入客人的总账单。前厅部与餐饮部的信息沟通主要包括以下内容。

1. 接待工作

(1) 书面通知房内的布置要求,如在房内放置水果、点心等。

(2) 发放团队用餐通知单。

(3) 每日送交"在店贵宾/团队会议人员表""在店客人名单""预期离店客人名单"。

2. 预订工作

(1) 每周送交"客情预报表"。

(2) 每日递送"客情预测表""贵宾接待通知单"。

(3) 书面通知订房客人的用餐要求及房内布置要求。

3. 问讯工作

(1) 每日从餐饮部的宴会预订组取得"宴会/会议活动安排表"。

(2) 向客人散发餐饮活动的宣传资料。

(3) 随时掌握餐饮部营业的服务内容、服务时间及收费标准的变动情况。

4. 礼宾工作

更新每日宴会/会议、饮食推广活动的布告牌。

5. 电话总机工作

随时掌握餐饮部营业的服务内容、服务时间及收费标准的变动情况。

(四) 前厅部与销售部之间的沟通协调

前厅部与销售部的主要工作都是客房销售。销售部不但负责眼前的客房销售,更重要的是负责饭店长期的、整体的销售,尤其是团队、会议的客房销售;而前厅部则主要负责零星散客,尤其是当天的客房销售。前厅部与销售部之间必须加强信息沟通,才能减少销售工作中的矛盾与冲突,提高饭店客房利用率,圆满完成客房销售任务。前厅部与销售部信息沟通的主要内容如下。

1. 接待工作

（1）双方进行来年客房销售预测的磋商。

（2）研究超额预订发生时的应急措施。

（3）团队客人抵店前，将团队客人的用房安排情况书面通知销售部。

（4）团队抵店时，销售部将团队客人用房等变更情况书面通知总台。

（5）每日送交"在店贵宾/团队名单""预期离店客人名单""客房营业日报表""营业情况对照表"。

2. 预订工作

（1）为避免超额预订情况的发生，双方应研究决定经营旺季时团队、会议客人与散客的接待比例。

（2）销售部将已获批准的各种订房合同副本交预订处。

（3）销售部将团队客人的预订资料、"团队接待通知单"通知预订处。

（4）双方应核对年度、月度客情预报。

（5）每日递送"客情预测表""贵宾接待通知单""次日抵店客人名单""房价及预订情况分析表""客源比例分析表"。

3. 问讯工作

销售部应将团队活动日程安排等有关信息通知问讯处，以便回答客人的询问和提供所需的服务。

4. 礼宾工作

从销售部了解离店客人的发出行李时间及离店时间。

5. 电话总机

（1）了解团队客人需要提供的叫醒服务时间。

（2）了解团队活动的日程安排。

（五）前厅部与财务部之间的沟通协调

为了防止出现各种漏账、逃账等现象，保证对客服务的质量及客房销售的经营成果，前厅部应加强与财务部之间的信息沟通。

1. 接待工作

（1）就给予客人的信用限额、超时房费、已结账的客人再次发生费用等问题及时进行沟通。

（2）根据饭店政策，收取预付款。

（3）将打印好的已抵店的散客的账单及登记表送交财务部。

（4）送交打印好的信用卡签购单。

（5）送交打印好的已抵店的团队客人的总账单、分账单。

（6）送交"房间/房价变更通知单"。

（7）每日送交"预期离店客人名单""住店客人名单""在店贵宾/团队表""客房营业日报表""营业情况对照表"。

（8）客房营业收入的夜审核对工作。

2. 预订工作

（1）就订金（预付款）的收取问题进行沟通。

（2）就订房客人的信用限额问题进行沟通。

（3）每日递送"客情预测表""贵宾接待通知单"。

3. 礼宾工作

（1）递送已结账客人的离店单。

（2）递送"服务费收入日报表"。

4. 电话总机

（1）递交"长途电话收费单""长途电话营业日报表"。

（2）已结账客人打长途时再次收费的沟通。

三、进行有效沟通的渠道和方式

1. 明确沟通的目的

即为什么要进行沟通？需要沟通协调的内容到底是什么？然后进行计划，以便清晰、明了地进行沟通，提高沟通的效率。

2. 注重沟通对象和时机

弄清需要沟通的人是谁，了解他的基本情况，知道他的性格特点，以便更有效地沟通。然后根据事情的特点及沟通对象的特点，找准沟通的时机，以达到最好的沟通效果。

3. 选择正确的沟通方式和渠道

信息沟通的方式是多样的，常见的方式有各类口头形式、各类书面形式、各类会议、计算机系统。为了保证信息沟通的准确性、严肃性和规范性，饭店应根据信息的重要性和特点，主要采用书面的沟通形式，如文件和指示、表单与报告、报表与表格、书面通知、通告与备忘录、交班日记与记事簿等。

4. 注重信息的接受及反馈

虽然进行了沟通与协调，但对方是否已正确理解并接受，需要进一步核查沟通协调的内容及对方的反应，以保证沟通协调的效果。

任务 3-3　计算机技术在前厅部的应用

用科学的管理思想和管理方法来综合地组织运用饭店资源，并且采用先进的计算机管理手段处理日益复杂的信息资源,正确、及时地对客源市场信息做出反应和正确地制定经营决策,才能保证饭店企业的生存和发展。成功地应用先进的计算机管理手段辅助饭店企业的经营管理,不但要求饭店的日常操作模式要符合计算机信息处理的要求,而且需要有相应的管理体系和人员配合。饭店的经营管理人员要充分地掌握饭店各职能岗位的信息流程和计算机信息处理的要求,善于结合两者的要求和长处,才能使先进的计算机信息处理技术有效地服务于饭店的经营管理。

一、前厅部计算机技术应用

前厅部是饭店业务活动的中心,也是饭店的信息中心。客人抵店最先接触和离店最后经历的业务部门就是前厅部的总台。饭店经营管理信息的产生、传递、处理都和前厅部有关。在前厅业务管理中,计算机用来处理客人的预订和登记信息,并提供客房分配的功能;客人离店结账也可通过计算机,包括转账处理、挂账处理、冲账处理等;计算机同样可以不厌其烦地回答客人所提出的各类问题,这对树立良好的饭店形象很有价值。在前厅部,计算机还可建立客人资料档案,把各种客户和团体资料收集起来,进行分类归档和统计分析,以便为管理决策服务。

前厅部还可以通过计算机信息网络,把客人的各项消费信息直接从各部门传递到总台,使信息传递既快捷又准确,实现对客人的一次性结账。在饭店未使用计算机以前,消费信息的传递是通过人工从各部门汇集到总台的,难免有传递环节的疏忽,导致传递不及时。有时客人已离店,消费单才传到总台,使饭店蒙受了不必要的损失。计算机信息系统的运用,有效地避免了客人的逃账现象,并把前厅的信息有效地向各个部门传递,大大提高了前厅部的工作效率,有利于前厅部与其他部门之间的信息协调与处理。

二、计算机技术应用对前厅部管理与服务的意义

随着时代的发展和市场的变化,饭店实现计算机管理是大势所趋。前厅部作为饭店前台的业务管理中心、信息中心和协调中心,使用计算机技术进行管理和控制意义重大。

1. 提高工作效率

前厅部每天要处理大量有关客房预订、入住登记、户籍管理、问讯、结账等业务,手工操作速度慢、效率低,数据处理手段滞后,不适应经营管理发展和服务的需要。运用计算机技术则可以克服这些障碍,极大地提高前厅部服务的工作效率。

2. 提高服务质量

前厅部服务种类繁多,客人需求变化随机性强,常常因发生信息错误、传递失误等而影响服务质量。计算机技术则由于其信息存量大、处理速度快以及实时性控制

等,显示了更大的优越性,从而为提高服务质量和服务水平提供了可靠的技术保障。

3. 使前厅管理严谨规范

饭店计算机管理系统及应用软件本身就是完整的管理模式,它集中反映了经营者的宗旨、组织、计划、控制及经营目的。因此,恰当地、不失时机地引进并很好地使用计算机技术,对加强前台和后台管理,完善功能,保持管理风格,提高饭店管理规范化水平都具有重要意义。

4. 提高饭店的经济效益

采用计算机技术不仅可以节省人力、物力,提高前厅部工作效率,而且可以提高饭店的整体管理水平,增强市场竞争力,从而使饭店最终达到增收节支和成本控制的目的,更大地提高经济效益。

三、前厅部计算机管理系统的主要功能

饭店前厅管理信息系统包括客房预订、销售、前台管理、财务管理等模块,其中最基本、最主要的是前台管理模块。

1. 客房预订功能

利用计算机进行预订业务操作是指应用管理信息系统中的预订功能模块接受和处理客人的订房信息,并对客房预订状况实施有效控制。通常计算机处理预订信息的功能体现为以下具体内容。

(1) 受理在系统设定期限内任意一天的预订。

(2) 利用房号提前为客人排房。

(3) 设有超额预订的信息提示,同时也接受强制超额预订。

(4) 每项预订记录都可通过姓名、账号(预订号)、抵离店日期、公司名称等方式查询。

(5) 设置预订单特殊要求(VIP、留言)功能。

(6) 接受新输入的预订信息,自动建立一个不重复的账号,提供给客人作为预订号。

(7) 设有专门处理团队订房的功能,可为团队客人建立总账单。

(8) 自动将预订状况按国籍、抵店日期、订房方式等进行分类统计。

(9) 可更改或取消预订记录,并对更改和取消进行存档记录。

(10) 设有客房协议价格提示。

(11) 对预订记录进行修改、取消并作存档记录。

(12) 调用客史档案生成预订单。

(13) 新建预订单,如图 3-2 所示。

N.新建　S.存盘　候补预订　　　　　　　　　　　　　退出

预订单类型: ⊙ 散客预订　○ 团队预订

1.姓名: 　　　　　　　0　　3.到达: *2016/02/26　18:00　Fri　　预订号:
性别: 男性　　VIP: --　　　　　天数: *　　　1　　　　　　　　　　5.手工编号:
国籍: 中国　　民族: 汉族　　　　离开: *2016/02/27　14:00　Sat　　预订人:
F9.扫描证件: 身份证　　　　　　　成人: *　　　1　　小孩: *　　　0　　预订单位:
电话: 　　　　传真: 　　　　　4.房价码: *WI　　佣金码: 　　　　公司:
手机: 　　　　邮箱: 　　　　　　包价: 　　销售员: 　　　旅行社:
排房要求: 　　　偏爱: 　　　　　销售渠道: 　　房数: 　　　订房中心:
2.客房布置: 　　特要: 　　　　　　　☑ 确认预订　□ 固定房号　□ 房价保密　　K.卡号:

纯预留(0)　登记单(0)　取消/未到(0)

-	类型	姓名	到日	天数	离日	房价码	房类	从…升级	房数	房号	人/间	价格	实价	折扣	优惠理由	包价	加床
1.	预留		2016/02/26 18:00	1	2016/02/27 14:00	WI			1		1	0.00	0.00	0.00			

新增　删除　资源日志　客房日志　资源清单　资源统计　房类升级　销售升级　合计:　1　1　　　0.00　升级日志

6.预订类型: *　　　　　　7.付款方式: 人民币现金　费用: 0.00　8.备注信息:
市场: 散客　　　　　　　保密: 不保密　　　　款项: 0.00
来源: 个人直接订房　　　楼号: 　　　　　　余额: 0.00　　结账提示:
渠道: 直接上门　　　　　担保信息: 　　　　F5.信用: 0.00
建立: 　　　　　　　　　最近修改:

图 3-2　新建预订单示例

2. 总台接待功能

总台接待员利用计算机为客人办理入住登记手续,可以尽量缩短客人滞留总台的时间,为客人提供快捷高效的服务。总台接待功能主要包括下列具体内容。

(1) 在预订客人抵店前,录入入住登记资料,打印登记单,并提前排房。

(2) 预订客人抵店时,可按预订号、姓名、国籍、公司名称等查询相关资料,进行接待。

(3) 在计算机中为客人办理入住登记手续,包括客人详细资料、住宿时间、房号,输入或更改房价,自动为客人建立账单。

(4) 在接待无预订客人时,系统可提供现时空房表。

(5) 设有可调用的即时显示的客史档案,以简化接待无预订回头客的手续;而对初次到店的客人,则可以自动为其建立客史档案。

(6) 预订单、客史资料生成入住登记表。

(7) 对于客人入住后提出的诸如换房、更改房费、变更住宿时间和付款方式等要求,可以随时在系统中进行修改,并对每次变更保存记录,以备核查。

(8) 设有专门的团队客人入住登记功能,可以定义团队公费项目,将团队结账按公费、自费分类处理。

（9）离店客人重新入住功能。

（10）随时显示客房状况，包括出租率、房态、可售房、住店人数、当日预抵离房数等。

（11）对于当日预期离店而尚未离店的客房，设有专门提示，并可自动在设立的离店时间（一般为 12：00），将这些房号打印出来。

（12）按客人姓名，系统可自动调出回头客信息及历次住店统计信息，以确定房价优惠。

3. 问讯功能

问讯功能模块主要对住客信息及历史资料进行查询。根据前厅部的管理要求及对客服务的需要，系统中的问讯功能应做到快捷、准确和高效，同时应具有多种方式的查询途径。问讯员应能够随时快速地从计算机中查询每位住店客人或已预订客人的资料。问讯功能主要通过姓氏、日期、客人占用情况、客人账单、公司名称、团队查询等内容来提供相关信息。

（1）按各种条件查询打印现住及离店的散客或团体客人信息。

（2）按各种条件查询打印房态信息、可用房信息（房数、房号及类别、指定日期内某房类住房率）。

（3）可按多种条件查询，包括房号、姓名、旅行社、团名、地区等。

（4）可查本日抵离店客人，明日应到客人，今日应离店客人，明日应离店客人等情况。

（5）可查 VIP 客人、历史客人信息。

（6）客房占用情况查询。

（7）按客源、按房间类型的月度预测分析。总台计算机问讯系统极大地提高了查询速度，减轻了问讯员的工作量，使问讯员不必再从传统的问讯架上查找信息，从而使总台问讯工作的质量得到了保证和提高。

实训练习

内容：到饭店实地了解前台操作软件的使用过程。

要求：

（1）熟悉前台操作软件的页面内容；

（2）能够使用前台操作软件进行基本操作。

参 考 文 献

[1] 迈克尔 L. 卡萨瓦纳,理查德 M. 布鲁克斯.前厅部的运转与管理[M].6 版.包伟英,译.北京：中国旅游出版社,2002.

[2] 詹姆斯 A. 巴尔迪.饭店前厅管理[M].5 版.曾国军,赵永秋,译.北京：中国人民大学出版社,2014.

[3] 林璧属.前厅、客房服务与管理[M].北京：清华大学出版社,2006.

[4] 毛江海.前厅服务与管理[M].南京：东南大学出版社,2007.

[5] 李雯.酒店前厅与客房业务管理[M].大连：大连理工大学出版社,2005.

[6] 牛志文.前厅服务职业技能培训[M].北京：电子工业出版社,2008.

[7] 孔永生.前厅与客房细微服务[M].北京：中国旅游出版社,2007.

[8] 吴军卫.前厅服务员实战手册[M].北京：旅游教育出版社,2006.

[9] 徐文苑,严金明.饭店前厅管理与服务[M].北京：北京交通大学出版社,2004.

[10] 何丽芳.酒店服务与管理案例分析[M].广州：广东经济出版社,2005.

[11] 刘斐.前厅技能实训[M].北京：北京大学出版社,2007.

[12] 潘素华,杨春梅.前厅管理与服务[M].北京：中国人民大学出版社,2012.

[13] 洪涛.前厅运转实务[M].北京：旅游教育出版社,2010.

[14] 韩军.饭店前厅运行与管理[M].2 版.北京：清华大学出版社,2014.

[15] 周丽.旅游饭店前厅服务与管理[M].北京：对外贸易大学出版社,2008.

[16] 宋秋,唐恩富.酒店前厅服务与管理实训教程[M].成都：西南财经大学出版社,2014.

[17] 陈静.前厅运行与管理[M].桂林：广西师范大学出版社,2015.